## ABOUT THIS MANUSCRIPT

Title: Ars Notoria Sive Flores Aurei (Art of Magic or Golden Flowers)
Author: Attributed to Apollonius of Tyana (c. 15-100)
Origin: France
Date: c. 1225
Language: Latin with magical incantations
Folio dimensions: 203 x 133mm
Location: Beinecke Rare Book and Manuscript Library, Yale University
(Mellon MS 1)

Facsimile compiled by Palatino Press
www.palatinopress.com

# ARS NOTORIA
# SIVE FLORES AUREI

Incipit prohemium, sive exprceos quas magnus appollonius flores aureos ad erudicoem z coniunctoem omum sciencas, z nalium anui generalit memoriis ihcroris appellaui. hoc salomonis machine, z encidit auccoritate maxima opositui, zpbatus e. Ecce incip lib dinne sapie, qd data e ab anglo sapietissimo salomoni.

Ego anum magist mundo nuncupatus cu baluni nata qi specialit cessisse uidetur tractatur d cognitoe astronomie siue astrologie, qbus exprimit scitum opiciosa optens q cognine possit babui, quibusq ten perum natis ydonea siu intima possit nata opcentur diuicia cquib, dictb, cquid, boni res z facta bonuir, inchandis siu einunda sit, qualit homo cq aa efficiacia dispositu ul iur z causum age debeat. Primo ab initius sumi qdam exepta ospecialib, sciencius exprcendi. z adsingula quecq, q pfatu sumus ordine otinuo perangatur. Ne murtus u qd audicis, cquio iopusculo subsequete ulsurces. Magis miniculum putes qui assuere crudicois exemplar. Quedam b enus sca, ruta bili officio yantiquissimis uel zeouum libris erecta legendi plibuerunt, cque cum udcis i copiguore fuerit ungus pmirtu ulo reputa, qd adomino to tuo noucis ee ccessit. Ego siqutem d ppitis titatur puus ine uirtus sum. Certu quiter tantau posse ue ututer.

Instructio d uebi efficacia.

Est enu tata quorumdam efficacia uerbos, quin cui ipi legeris, e faciunclitate excipuisd q subitas ee ita adauigeant, qi si d clinguie eloquio sureis efforeus. Un tam uer fil cgrequtus dispoitoem uerus plenius e insub sequentib, d non staidi. Ne u qd admanu sunt disteamus. Ostensio subsequte co notoria arte.

De notoria arte igitur qdam notilecar septos eas nob manifestate sunt quoum u antei uoi uana por tu opitendre. Est enu pri nota, cui significato e exteo extoria, ucer cum punissimis uh opitenditur, tam uirtem icopstice mistii no amittit. Tan

tacatum eius uirtue d iuq, exea otingit. Testimabitur adiauendur, quibq uber abiittetur, siu enim uec. Hely seuret aquat iuriel catur gibeon. Quam salomon p qpoitam figam uelut omi iuipite carente sciens tam rata subtilitate d childeis, q hebreis z gcis. z atabis p funditate finonis extectam, u nullo possit plenaie sdematis monis exprimi. Due aut sunt ex efficatie, idem salomon illo ibro idem. eliosse, z cito nis d fulgine sapie ostendit. Sed q amic q sidecesse ni ide appollonius cum priuos q reliquis quib, data sint ea sae manifestato, explisie dicetes. Hec mae pfundi mistia qm uita, n absq sidei magnitudine psentia sunt.

Siuis minum septe cuiu bet. siue qui uex septez facunde indagiat, siu pfere uonicat q pfatu sumus uita sige manet, in noce di siu, siu ipi platee septe diligent pferiat, z myxta ordone q extebreo, childeo, z gco, smoe distorta, subtilie z miribiliter climata ze, in sumatu, perpuioem pte ditur. Phos. mentales. puiur. smo. sinet. Ebri. Elior. Sepet. ulatanal. Satuphet. Gyot. Megros. Eucliton. ost. Ioce ennuat. Semet. Nathmat. Gessennia. dui simtor. Saleptisamon sumus. Amen.

Irius u ordinis hec e psitum sumatum plitata expoito. Ostendoq hii pfata oro exponatur. Hec tam putes q singula uita expo ponantur sic smapexpoito.

Lux mundi do mirisit pater eshutatis lasunci sapientie ostenue, z toti gne sihtus, pie in estuadibile aspensabor, nodeco omia pocm stant, faciens lucem etauue racte manuua tuaue, ziuge co iutat qponet illud u etadiut acuium adenautao eloquent uita hac, sic linguas utiam u sugtus flexta adputriunda ea uicritate. Errutis sim uua smu mentuerut adpapieddus, z unautuat utras ihce ri enduigi, z iu stuciuam pteu admediuat aum, q humauitas obetalis tui, z pecci tuam pie sct ihsutuere, z eleui utilita, uec, ministrare, utitaui huuntum, epcuu

sensuum meozz. z cogitatonum meus. edocc
at me z obligat ustz in fines disciplina sua. et
admittet me ostium altissimum p infinita mu[n]
gram. Amen. Restant noi q z tponi no pos
sunt.

Ne tamen putes q. pstare ordinis singulari
um mlatinum cuilibet sint z in eum cum
aliq. ipius ordinis situm. plus in se z mische se
sius psunditatis zeneat. Et autcoritate z ei[us]
salomonis ipius septem reseribit agnouimus.
ipam nullatenus ordinem huiane sisi iudio[n]
nis exponi. Necessarium zenu e ipis astrono
mie. siu astrologie. siu artie notorie particulas
distinctas. l ordines suo modo z loco z tpe di
ci. z ex eis sm dispositoem ipiusm dterr opam.
De hisplalitz pinguins quibz tpibz lune psen
do inspiciantur.

Sunt etiam quedam sige siu ordines q salomo.
seleym chaldaice. i. thumphales artium li
tentium suuerteneasqz siutium efficentias ap
pellaunt. z sunt artes notorie introductionem
z speciale pnceptum. De ipis institunt salomon.
ut sm lune ipa dminata. z no absqz sid
rito simino pscuntur. Quod magister noi ple
ne z pptent imitandum istinnt cuiios. Cu[m]
cumqz hec dsmmato tpe z institutio z tulect.
onu occasione remota. sciat se illo mse toto ea
rum facundiam z omnibz psendis adipisci. mo
to maiore solito mirabiliz z inestimabiliz. ha[n]
cum sunt exceptoes intellectonum artis notorie.
q uel una. iiij. l. vij. l. xij. l. xx. l. xx
iiij. l. xxviij. l. xxx. psecn dient. Un salo
mon. Isto tpibz iiij. lune delinius. q a iij.
anglis sciis z septa z iiij. luna nobo no mani
sestata. z quat ab angelo ipius latoie nobis ex
plicata z repetita: nec n. iiij. anni tpibz septa
z reuelatis obstensa nobo szamchia z q z plena
ne postulata tibi. iiij. linguis. chaldea. hebr
raica. zrea. z latina. euident exposita. z in
iiij. pires orbis tres hn potestais efficatiam.
z no inhumane inus uteris. iiij. intelligen
tiam. memoriam. facundiam. z istorum tiu[m]
stabilitatem qm maximam. dnan dicimus z
cognouimus. Ista enu sunt dquibz psatum
e qsie dixim. ita reseribit sunt. Oratio. iiij.
linguas. chaldea. hebrea. zrea. z latina. cui

---

dent exposite. q speculum sapie appellatur.

Rasay. Lemar. Azaat. Geseluon. Reia
Rmie. Azaga. Eljal. Syrios. Pamphylos.
Sieregamon. Lauped. Joetum. Leraenor.
Sieremegal. Gieleteon. Gomagay. Halna.
haylos. Geneonegal. Sanamalaip. Tamiel.
Siealmaga. Estomelar. Eccalsam. Samual.
Semalsay. Craton. Anagin. Pantomegos.
Tingen. Amimusston. Setarnay. Aimi
ce. Gennail. Sauail. Neomail. Ryos. Se
piu. caphamal. Azaton. Gecamaet. hay
la. Semeanay. Geleston. Limicata. Ge
remmazay. Soealmaga. hai. Gozamay. Ce
emsaton. zegelmpela. Acanatay. Scimmao.
Gezoauel. simasiel. Leosamae. Cemiatet.
Ababeen. Amos. sotos. Jdolmasay. Hegra
en. Siramelyo. Soton. Vectepozen. Jnuallia
seuon. Jmianios. Geiamay. Prisdamar. Ra
gial. Sagamessin. Agamiar. Tieomogem.
Risalamaket. On. Lon. Bon. Sepizion. Ar
on. Vsion. Semession. zegon. Amyn. Am
in. Amin. Que sunt humanie sensibz in
explicabiles.

Hec e oro sca totius ezperis pecati. d qua
salomon ait. huiano ipm sensitu. ee impsi
sibuem subuine. pyrior inquid exposito e
z quantu ab homine zisidran pot. exceptis
ipis secretis q no licet n datur homini loqui
multo plitz. eidem ordinis pentit beuetur moy
si. qm iccio inezpoita tota reliquid. qo d ipi
tam magnitudine pluritatis oronis nichil
adpsectoem sumam breuitez potuit plituare.
cuius tam rei speciali causa erat angeli ipi.
dsciuius. intencibil phibito quia ut. Vide
ne duere aliquid expone l tasseer psuma[n]
n tu. n alius p te. sacmtale ciz mistium
e. n expscaus smo uerbos. audiu do oronei
um. z ubi intelligentia. memoria. sta in
dia. z tors tium stabilitas augeri. diebz lune
sumnatis. luna iiij. luna vij. luna xij. z
d incepo sie secpen e. ipis oronez diligenter ipo
die. quas relege credens ea dquibz suscipetu
e. abs ambiguitate sup huianu modum. z su
bitance augeri. hec e omino qua salomo
seliauet ingenu. cuiu aie magister z do
miniusine z pdecessor speculu sapie appellau

cor hat ipa oroies muisps inte oloez halateo appelli boz
cai co iolia sin zenena zpimessimum zeis seu ut duislei
in psea oppnilei ipa oroe digne oxalue zi

Vt e sig. d. ustz xd. c. totu dexerit z alio lutco

qualis figura super quadrangula sita est.
ipsa si alio notetur prima figura et super notat qua
uirgulam sitam. Ipsa in astronomie exceptioni
b; aqua paruas habitis anglica sapia. In astro
logie aute specialis. Philosophie anulus. In
notoria u arte scientie funditur, omnino ee de
scribitur. Sed tam matutino diei quam presenti die
quas simul et totumue. Sed in mane semel. et dicam
etiam secundo. dicam nonam tertii. et dicam uestum que
ter preferatur. Vnde in notio quia presenti dicitur. Secreto
u solus sit qui eam priuilegie. et ipse uir audeat
et si si potest solutiue. Hec est oratio eius. et necessi
tio uiger alicui magni opis. potius dicere in
mane et dicam nonam uis. Ratio quia in arte
notoria note dicuntur.

Prelibans itaque quibusdam superioribus signa
culis siue preceptis que quedam initium ad eas scien
tiu sumus dicimus. de quibus tam parte ea que su
pradicimus. uerum tam an quin adea puenia
tur. quedam additur necessaria. quibus plenis
atque presciturut uelari apposita pangatur ad isto
na. Sunt enim uiduarum quedam exceptos ar
tis notoie. quibus quedam obscure. et quedam cla
te manifesta fiunt. Excepta astronomia au
notoiae ars ubiuis habet formam cui ipsa principi
um et efficatia est. Sciendus est enim arte no
toriam om aues. et om uicuature scientiam.
mirabilis et inducitur sed rationabilis et eum quam
teste salomone. ideo notoria dicitur. quia quibus
dam notius breuissimus. omnium comprehensibili
cognicom edocet scripturis. Sic enim ait inter
tatu lemegetan. Hec est spiritualium et secretos
expositores. Quid aute te et quo ratione note man
te notoria dicuntur. hec est ratio. Notae eam
dum cognitio per ordinem et figuris supprotam.
Sed de orationibus. in initio et de figuris suo tempore
habenda est. De oratione que regina appellatur.
Inter illas quedam excellens est. quam rex salo
mon ideo appellari uoluit. quia quedam
secreto in integumento impedimentu lingue aufe
 rat. et mirabilem eloquentie tribuat facul
tatem. Aquin an quin pueniatur. paulis
per de ipsa oratione subiundus est. Ipsa enim oratio
que inseptimis docendis note semper habenda
est. de exalteto tanta formae distributa. Que
ucet breuis sit. mirabilis efficatie est. Vt ea

ipsam scripturam legeris. ordo premeratur.
Intercute potis que e meos et in ungia suggessedit.
Hec est oratio ipsa sequatur de inuocatione anglorum.
Emac. Selinaac. betmabu. Egegeta. He
rasin. Harregomial. egyephiar. Iohamin.
Salachim. Bethphi. saptur. tiamar. semo
it. Iemaio. Pheralon. Amio. phin. Egyo
ea. Ietros. Amin. amin. Doctrina.
Et in principio septimas docendus. secundi
me dici. et in ungia et meos tibi legenti
suggessedit retigem non debet. Secuntur quedam
preterea que in principio in isto semper dica debeat. et in
marime uenerationis et socratis officio. et an
quam cibus sumatur uel potus.
Treos. patur. Bentrimos. sacratissimos
anglos tuos. Glyppha. oxasay. delomi
cios. Ceeletaminay. Satamana. Acomut.
et archangelos tuos glioscos. quios non
adeo sunt secreta. ut an nobis presenti non obnant.
que sunt beo. de. el. r. p. n. h. c. t. g.
secta quedam que humanis sensibus comprehendere
non sufficiunt. Oratio ad predicendum me
mouam.

Te queso domine unum os scientie meam.
Splendore luminis tui. officina intelligentem me
um odore suauitatis spiritus tui. Adorna animam
meam. ut audita et audienda memoriter tene
am. Reforma domine. restaura domine. placa
pissime. aperi mutissime memoria mea. et
tu benignissime. per gloriosum et ineffabile no
men tuum. Et quies. fons bonitatis et tot
cuis pietatis origo. habe patientiam imme
et dia in memoria tua. et quod ante peti in hac
sta oratione. Largire in. et qui peccante nosta
ti iudicas. sed ad penitentiam miseratus expecta.
De queso indignus peccatos u facinoros et scele
ros et peccatos et coluctoros squaloes absterras.
et me et petitu tante. pangloros et archange
loros de quibus prefatus sum ututer. dignum et
efficace efficiam per gloriam et maiestatem tuam.
qui es unus et uerus deus amen.

Hanc eandem orationem etiam si aliqua ut
illios magna dubitauis. quid prendere debet.
uel magnam uisiocem de instanti piculo siue futuro
unde uolueis. uel si de quouis absente uis scire
audieris. uespe ter dicas. cum sine uen

nerui, nisi obsequio, q̇, penciis, ecce
q̇dam gn̄aua scepta d onib; dicur q̇dam plu
rindi arbitrii sumus sq̇tb; q̇dam magna
officia g̈nentur, Gr̄atio siue inuecatioeȝ adeo
gnoscendas multimodis insimitates,
Si teȝ uolucris tc̄ cognitoeȝ d alicui eg̈ri
sdir, utruȝ adimat, l̄ ad mortem sit; sua
cuei l̄eg̈ritudis coram eo die secrete, Ancora,
Ancora, Nilosacin, donicos sabeloctros, pita
gora, plagam, donosa, Ancor, Anatoi,
Anilos, Theodonos, Gyothos, pitigor, Ano
doia, Anilos, Eudonos, Gleotros, pagee, An
geii sci adestote, auure l̄ docete, Postea
interr̄gab eum, quid t̄ uidetur, q̇ si respondeit
bn̄, l̄ aliquid his simile qualeider, scias q̇
culdubio q̇ adimit, c̄ insimus, si aut̄ re
spondeit gr̄aint, l̄ male, l̄ aliquid his si
mile, scias p̄cto quia admotte c̄, si aut̄
n̄ respondeit admotte c̄, si aut̄ respondeit
nescio, similis mors c̄, l̄ insimitas muta
bitur mg̈ramius, si aut̄ puer sueic q̇ tibi
respondendi etate n̄ habeat, au mator q̇
uit lang̈us responde n̄ potueit, l̄ nolueit
p owne dicta, q̇, c̄ pmum intre tua uene
rit, scias d ip̄o sutur̄um, Porro siquis in
simitate simulauit, q̇ celauit, dic eande
oroeȝ, q̇ f̄g̈er l̄ utis anglica quod d ip̄o
sueit uerum c̄, si etiaȝ insimus l̄gr̄inquis
fueit, audito eo noe, ipeo similit dicas hc̄
oroeȝ, q̇ nouei c̄ l̄animo statim utrum
mon d̄rat an uiuere, Si etiaȝ puls̄u in
sim tengeit, eand̄o oroeȝ secto memorata,
sugg̈ret l̄ eiumodi l̄ cui effectui sueit insi
tao, Et si puls̄u muticis tengeit, scias ab
sq̇, dubio, siʒgnans fueit, q̇ si masculus fu
eit l̄ f̄emma q̇ ꝛcceperit, l̄ si g̈emini fueit,
scies q̇ illud n̄ erua tua s̄, anglorȝ quos ti
ag̈e pri officii c̄, l̄ mirabilit sugg̈ret q̇
scies, Si etiam ug̈mitate cuiubet duuita
uis, eande oroeȝ memorata absq̇, du
uio l̄ sugg̈retur utruȝ sit ug̈o annon, de
eo q̇ salomon oroeȝ p̄sata d artis noton
a subtilissimo distorsit,

h̄ec oronis p̄sate c̄ efficatia, q̇b inse g̈ti
ner, Vn̄ ait salomon, hine nouam
physice gd̄noeȝ atd acceb, Vn̄ q̇ magr̄

meus hec nouum q̇ in auditur̄u tam effi
cacitatis scie fundamtur̄, touius inse atio
ipsiul physice scientam qualitate y̆tiner
q̇ quantitate, Inq̇ re muabile c̄, q̇ speco
sum mag̈ q̇m d̄undum, q̇ quida adib̄ p
diose, quidaȝ leui, q̇ diu in g̈nt ex pure
dcentur, Tu aut̄ quotiescumq̇ ipsimle
geis, ad uerbor̄u respice multitudine, ser
misdu tanti laudа uitutem, Ipsim q̇ salomo
d atius notor̄u subtilitate diuini auxiliu
mirabili ubertate distorsit, ser quia g̈nde
quid c̄ q̇, apposuimus, tot indices, q̇ tanta
subtilitate tam speciosa br̄uitate gstringe
necessar̄ium pis̄ arbit aliquid g̈rontale
pmeniu, uite sublimis q̇ excellentis o
pis ordinatoeȝ g̈rosin u magi animus audi
tor̄is q̇ fortetur, q̇ ualeat, de eo q̇, nota uni
cuiq̇, suum br̄ atius g̈xece officium, q̇ uni
note atius adaliaȝ atem sciedu p̄sint,
ediss̄arum q̇ appossibilitatis uire facili
tate, q̇ necce c̄ ad maia accelerentes,
salomon etem, atius notor̄u magi q̇ pri
tor, y̆ uniusis atib; sub ip̄a g̈teptis, l̄ ip̄a
aliquatenus p̄ticipanti; q̇m maximi
artem istaȝ ideco notor̄ appellauit, eo q̇
g̈t ars atium, q̇ scietia scietiaȝ, Hom̄
atis uterales, q̇ mechanicas, q̇ excepturas
it se g̈phendit, Et q̇ inc̄tis atib; longis q̇
g̈uib; locutonib; , uincq̇ pluris q̇ fasticiosis
ltuoris uolumnib; , p maximi spirium tp̄l
aquo uis ingeniosissime g̈phendantur i
ea uerb̄ punci, septo pr̄uissimo placedoq̇,
dieb; p̄ minimas aquouis spirito q̇ duro m
rabili, ac taudito ltuoris ac uitutis, angli
caȝ teiantur, Alos q̇ tata facultas atium
mi catoris q̇ afluentia toneȝ septure scienn
aȝ g̈cessa c̄ minus tantu, Acta eg̈rium
donum g̈peret, q̇ digne ꝛccpiamus, Nam
eum artes singule notas d dispuitas, q̇ p
notatas eiu siguis̄ hant, q̇ eum notauȝ
cuiq̇, atius suum br̄ g̈xece officiu; ꝑ ar
tis unius note adaliaȝ scietiaȝ, artem n̄
p̄sint, q̇ difficile c̄ aug̈mtaliu, c̄, inhc̄
tētatu p̄unulo q̇ plutatiuȝ l̄pludiuȝ, ad
ip̄m comp̄ artis dr̄ d singul̄, pius notissi
gillati atq̇, plenaïe distinure, alius quod

q. mag̅ necessaⁱũ e̅ ad unuisco̅s scient
am septuries adipiscendū diuitū explore
mus. Sequentis or̅onis ūba dicenda sunt.
Illud enim nob̅ necn̅ ꝓ posteis nr̅is ꝓ doni
um arbitramur ꝗ utile. ꝗ quib̅dã ꝓpendio
sto ꝗtrath; pluram. ꝉ magna; scpturis uo
lumina cognoscamus. Quod ū leuit̅ ti̅ pos
sit. ꝺ ubns antiquissimis trib̅z; q̅ a salo
mone ꝓpo̅it sint diligentissime inquira
mus. Inquo̅z ꝓmo illud ꝓmu̅. ꝓ spiale i̅
telligendiu e̅. q̅ or̅one ꝓmissa. a̅n sc̅dm
capitulis, inom̅ ꝑ mo̅e la̅ro; uta au̅ ꝑ moise
imitum utcedum e̅ ū decere ꝓ ꝑetenti tp̅o
ip̅i ꝓma ta̅ ū ūli or̅onis edicantur. Subse
aut̅ pars or̅onis ꝉ ꝺ ꝑ ipue dicedã e̅ ꝗn
adcognitione scpturas folia reuoluendo in
spereto̅. ꝉ dicendae ip̅a or̅o. qn aliqñ gra
uem sentetia; ꝉ a̅na inaudita; ꝉ subita
nec ꝓpta lucide ꝉ plenaūe enucleare ꝓ
soluie uoluetis. Ipo enz tp̅e eande or̅one
dicebo; qn e̅ aliquis iꝑotime ꝉ ꝗue direit.
q̅ tue facultati n̅ expone. Ip̅u e̅ e̅ ista or̅o.
ꝺ qua locut̅ sim seuo ꝓterimal. Mirabi
L or̅o cuius ꝑt iꝗnqua gesimo uolumine
ꝺ magnitudine qualitatis a̅ne eide̅ exponit.

Lamee. Regnaa. Regiomal. Agalad.
Placub. Antonomos. Loten. Sraia. Natai
Raamaton. Leprod. hosaero. Cogemal. Ga
laret. Gessonam. Azared. Begestam. Amal
Ista omi̅no ꝓtinetur iloco sedo ꝓ me note
gna̅l icta̅r ꝺ om̅ scp̅tura. Cuius exposito
nis ꝗnquagesima. pu̅te iuolumine ꝺ mag
nitudine qualitatis a̅no eide̅ satis expletum.
Se ne ꝗ stio iꝑ sa̅cntate icellectus exam
mitas mistii; rudis hui̅r auditor. hoc sci
at i dubitante es exponi es ꝑncipui. Ian
dicte or̅onis expositio q̅dm panicula b̅ e̅.

Memoria ireꝑhensibilᷓ. sapia motnedicabi
lius. efficatia ꝺ mutabilᷓ. do̅ e̅m ꝺsilu an
gis. ampliecter con mein dextra tua. iplear co̅
scientiaᵹ meaᵹ memoria mia; ꝓ odor unguen
to̅iᵹ meois. ꝓ dulcedo gr̅e tue. munat inte̅
meas. splendor sp̅o sc̅a. cantas ꝗ angli facie
tuam cum omni̅z; uiuntᷓ; celi mutari si̅ fine
ꝺ sidetant. Sapia quia omia feasti. ireligen
tia q̅ omia reformasti beatitudinis ꝑ seucã

ⁿa qua hoes restituisti. caleto̅ qua ho̅mienz
Lapsim ad celestia eisu̅. ꝺoctrina q̅ adam
om̅ scientias. ꝺoce ꝺignaris eo; Informa.
reple. instrue. instaura. co̅uge. ꝓ edifice me
ut fiam nouus imandatus tuis intelligendis;
ꝓ infusi apienda scientia iu̅ ___ salute corpo
ris ꝓ a̅ie mee; ꝺo̅minu̅ fidelium credeatᷓ
inde tuo;  De eo q̅ or̅o ꝓbata a salomo
ne ge̅ma corone do̅minu̅ appellata e̅.

ec enim q̅dm panicula exponitᷓ ꝑti
te or̅onis e̅ quam unaᵹ quisꝗ; ꝺextro;
ꝗn inhac ualuisse leguntur; reliquid in
exponitam; seuus ad euis expuitoem ꝺ eo̅qn
humanas posse sufficie facultate̅. hec enim
or̅o a salomone ge̅ma corone do̅m appellat̅.
Ipiculo inquid igitis. ire. bestia;. ea; ꝓ dest
eius fide dicta. credenti ad latienim fiuiste
ab uno. iui. anglois ꝓhibetur quib̅; e̅ di
tum nece ire ꝓ mari. ꝓ posse ire man ta̅
bomb;. Ipius or̅onis exemplar. librum flo
rium doctine celestis salomon appellauit. Glo
rificauit i hoc dominu̅; q̅ ad theologia. ꝓ di
uino mutu ac ꝓpetentia noluntas inspirat.
ad subitance papiendaᵹ. quasdam or̅onum
spes ip̅i inocte sactei domino do̅ la̅gиente;
maious diuistas ieide̅ a̅no notore; ꝗ uen
enᷓ corpore collocauit. Queq; sce ac dig
reuendiq; misti sint ipio qui di̅ n̅ d the
ologia curantes ꝓ tepserit gentiles. Quas
salomon signuᷓ. mistu dei ꝓ anglo ꝓdocere no
cauit. hec en expletiuᷓ e̅ dignitais nꝓsa
luis huane. q̅ in eis ꝓtinetur. De ꝺoctrina
or̅onum sequentur.

Iste enim or̅onis sint inquib; magna̅ pot
salus nr̅ hec efficania. Quas ꝗ ꝓ or̅o idem
spiale e̅. ꝺqua theologa ꝓ cognoscatur. ꝓ
ip̅i ꝑseucant hu̅r memoria. Et ideo
ip̅i; salomon signuᷓ gr̅e do̅ ꝓꝓ appellau̅
Glã en̅ dei̅ u̅ q̅ ecclastes spieat ino hac ꝺ
dro us; ad ysopum q̅ eгidit ꝺ pariete;

Oratio aute̅ ꝓma. luna ꝓma semel ꝑser
r. ꝓ in tua. ꝉ in stata septies. ꝓ similit
in nona. ꝓ i duodecima. ꝓ in qua dama.
octa decima. ꝓ in uigessima ꝓma. ꝓ in uigesi
ma ṭua. ꝓ in uigesima sexta. ꝓ in uigesima
nona. ꝓ tecima septies debet dici. iσ olentu̅

oratio ē tante utilitis: ⁊ tante efficatie. ut
die qua ipm̄ duceis t̄pe s̄ummato. tan
ta eadꝭ huiꝰ scientie ī theologia augebr̄.
ut si uolueris ur̄ d̄ ipa̅ poteis reticē. ⁊ si an̄a
in ptis fueis ascens l̄ suudeis l̄ similib;
tius uisuꝰ ab — eisdem. ⁊ antiquis setre e
a itaur eis tunꝗ̃ ⁊ anoꝛ d̄ te subuito meu
natur ꝓ uideis ⁊ diffamateis. Uū tamē
ut die qua duceis eam coles. ⁊ uiuas caste.
cum semel duceis dicto eam s̄timo mane.
T uiuꝰ or̄oner. istam eodem testante an
te anglo. angle s̄piritui tonitruo qui ī
ī spectu dominī semp̄ assistit. cui nomē e
pamphinuſ. Euisdem etiam or̄onis sa
sem indicium ē cuiuſ ⁊ efficatia cō phi
betur. Ut cum eam semel duceis. n̄ am
pliuſ eam dici oportet. De eo q̄. ipo ꝓ
mouet celestis ad aliquid magnum a
grendum: subsequeis oratio.

D e cadem or̄one dicitur q̄ eiuſ tantaꝫ
sit mistium u ⁊ ipo celestis ad aliquid
magnum agendum diuma p̄ mittete lagi
tate ꝓ moueat. hē ⁊ esiu mistū lagita
tem efficatē. ut linguaꝛ ⁊ coꝛ ipm̄ ꝓ feꝛ
us. tāta ī spiratōe exaltet: u q̄ nouimq̄d
⁊ magnum ⁊ mist̄eiale intellexisse cogni
scaſ. hoc aute ē ipiuſ or̄onis ꝓ ncipiu
q̄ tāta uduiriꝫ ī sideriteis obsuā oporte
at. hec ē dequa dicimuſ ꝫ

H ely. ⁊ eiꝫm. azatan. Jozaaꝫ. Jozaꝫ
⁊ uos angli quoꝫ non septa sunt mih
bro uite. quoꝫ n̄ reticentur. ⁊ hoc uiꝫ
dorōne. Rasayin. Lamaꝫ. ueniamot.
Setraꝫ. Anacbaꝫ. Josiel. belymaꝫ. Saga
ramaꝫ. belymioꝫ. tredoni. putene.
lioſ. atanayꝫ. aziacoꝫ. Jesemenay.
Aminoſ. Ja. caegilioſ. Zagael. amen.
P rincipium ipate oꝛ̄ nī ꝓ nunciatum
est. cuiuſ. iiii. sunt patꝛes ꝫ
I stud ē ꝓ ncipiu ipate oꝛ̄ onis auſ ꝫ uū
sunt patꝛes. Set de ꝓ ncipio aliquid ipe
dicendum ē fn̄ dceis piuꝫ singillatiꝫ
ꝓ pterea īt ꝓ ngpum. ⁊ istas. iiii. patꝛes.
istaꝫ ꝓ petet fecum diuisioēm. hic est eni
q̄. de ꝓ ncipio dicendū ē singulāꝫ. Sa
endum puſ ē q̄ ista oꝛo u duirimus duiri

denda ē. ⁊ dicta p̄ ma eı pītē. ı. ꝓ ncipio ā
quam pīs alia ipiuſ oꝛ̄ onis dicatur. ista di
cenda sunt ꝫ

H elma. Ebros. Elsa. Octomegos. ⁊ hiero
⁊ nagli. ⁊ latino s̄mone ista dicenda siīt
Ex p̄ ōto latina ꝫ

C onsīma. ⁊ solida. elucida. Alba. teos.
C heen. Rua. theos. Deuſ patꝫ filiuſ dn̄s
Sp̄s sc̄e dn̄ ꝫ rōnem ī tellectuum: memoriaꝫ:
ad suscipiendaꝫ. adiutiẽ cognoscendaꝫ. ad ret
nendaꝫ. septiuaſ omiuꝫ bonoꝛs scientiam.
eloquentiaꝫ. pseu eaīiaruaꝫ. Istud Ist̄utio
ꝓ piuſ ꝫ sede p̄ iuſ q̄ aurea pīo dicitur ꝫ
I stud ē ꝓ ncipium or̄onis q̄. sic diximuſ dici
oportet. fm̄ platōnes ⁊ fm̄ ipaſ ist̄utiocēs ob
nire memorie obliuioēm: ⁊ ne uin bēv ercea
cituatem. ⁊ uꝫ ge satatis nr̄e exempla. Inꝗ̃
omiſ d̄ efficatia ē. Sequitur ꝫ illa subtil̄
scientiaꝫ. ꝗ̃ in fiti sic supuiſ dictum ē. sac
mētale mystiūm. omīs ꝓ fecto mist̄eiale ⁊
pletur. De ipo enim ait. Et scremuſ ꝗ̃
celestia. ⁊ ꝗ̃ trena: fm̄ trena trenuſ. ⁊ fm̄
celestia celestis u efficiatur. dominuſ diꝫ.
In p̄ fectum meū. uideꝫ oculi tui. ⁊ in libro
tuo cō sebentur. dies fermabuntur. ⁊ nemo
in eis. Sic enim habitandū ē ipꝫ epuſ dn̄.
nō enim possimuſ oīa sebē. Sol ut eundē
cuisum que puſ habuit. ⁊ staret ordo nr̄.
Omiſ etiam septima ꝗ̃ ado n̄ ē. noluerit eni
ipe ipo dn̄ omia diuide hoc ē. ⁊ sic ista sunt quo
modo agenda: an sedum patrem. Secunda ē
pīs ipuate or̄onis. ꝗ̃ dr̄ pīs aurea: itauꝫ
ap ꝫ

N am gliosas ⁊ excellentes ⁊ ꝓ petitissimā
oꝛ̄ onum obsecutoēs. ⁊ secuꝫ moetis pītē
īē diffinitur u neꝗ̃ quam ea lunguis possit
humanis diffiniri. ꝓ ncipium or̄onis ut
dr̄ piuſ sede tre est ꝫ

G arioꝫ. te. ꝗ̃ omiros. Scototos. Azna
omol. Sorienna. Ebemel. Almud. Ge
goraꝫ. Azaꝫ. Ebegalos. Amin. Ista pīs
sedu or̄onis ē. de qua aliquid singulariꝫ e
dicendum ē. Si fecte enim or̄onem duceis
scam ei pītē fm̄ memorata hoc diceiꝫ ꝫ
D ō omium quieo dn̄ miſ qui in ꝓ ncipio oīa
easti ex nichilo. qui in spū tuo omia re

formasti. ople restaura sanum intellectum
meum ut glificem te p omia opa cogitati
onum ⁊ uborz meoz. Et poste? Et postq̃m
hec dixeis facto muuallo qi hore dimidi
ee dices triam orōnem q̃ e ista.

**M**egal. anotos. Lemagal. Jcconal. ⁊c
naxfar. Teregramos. Auamdos. dñ
amar. geosafat. Azagapismar. Salech.
zadesamir. Amir. be hac ᵗua pᵘre oᵒ-
nis dicta. pmeditabeis ᵈ septuris quas scie
uolueris. ⁊ inde dices.

**U**erus.uir. ⁊ uita omium creaturaz inte
ee dñs uiuifica me. ⁊ intellectum meum
ifirma ⁊ restaura oscienciaᶻ meam. sic regi
salomon pmisisti. his dictis quartam par-
tem orōnis dices que est ista.

**A**uir. balel. Zedac. Agnae. Jegozial. Sa-
mara. ysatay. Jehennebel. Chiburmanb.
Zelinal. Jecrozaal. Oseleos. Oiretecomos.
Amin. Pintibz emim pmemoratis. sm q̃ desi-
nitum es ⁊ p̄septum addes. Et ego inconspec-
tu tuo dominie dñs incuius nutu omnia nuda
apta sunt. hec loquor. ut ablato isidelitat?
errore. admittet spōs tuus omia uiuificans me
am increditatem.

**S**ciendum e q̃. tota ista orō inepita re-
dacta ee. ⁊ pterea qp tante subtulitatis eius
e geuma smonis ⁊ ingua chaldeoz ⁊ hebre-
orum. tam subtili ⁊ amirabil difficultate di-
storum e ut nulla ratenus in ste possit ubere
transffe loeutionis officium. Uta autem la
tina q̃ subiunguntur pintibz orōnis sphate.
ea ubi sunt. q̃ s chaldeo smoe in ᶜin transfe-
ri potuer. solo tantu dorōne sunt. s. singula-
pitum orōnis sphate. capitula tam aliquid ad
orōndem ptinia. Jpm enim orō tanti mistii e
usic regi salomone teste. dum ipm quidam
orōnem pplitam domus eiusde familiaris lu-
tio rex sorte sueto. nimium cupulatus. pt
accessum mulieris psumtuose dicet. no dum
eius pᵘre sinita. clinguis ⁊ torl expᵘs memoria
e. oceus ⁊ mutus usn ad tuam moris sacere.
Jnora aute moris dustixie. iiii. angelos quos o-
stendeat serrat. Jntam sacto mistio psumeto
se dicendo. unum memoue. altm ungue. triu
oeulos. quatuᵘ auium. custodes ⁊ flagella

rex eouidie habuisse. Quo testimonio ipsi oᵒ-
eidem regi salomoni. mdabilioz sacta est.
q̃ matum e enim ipi orōni mistium. p apim
gr ut eande quicumqz dice uoluerit n psumti-
ose ipm dicat. Jn psumptoe enim peecatuᶻ
e. ⁊ sic peeptum e tradicatur. H e efficentia
orōnis pme.

**D**atis gr p̄ceptis gⁱalium dominum ac[um]
soditoe necessaⁱum abitiamur turi simul.
⁊ singulalibz. p̄eptis aᵗum aliquid distinire.
⁊ q̃ solus cursim aliquid pbidando tetigim.
necesse e uod ipso cuiu solis quod significet au-
diamus exprimat.

**S**ol duodecim signis anno uno. ⁊ luna totide
inse uno. ⁊ spō scō uno eode tinino ispirat.
secundar ⁊ illustrat. Vn ductum e u sol cuius,
hat quem puᵘ subaudituᵘ eum habebat. ⁊;
q̃ ihebreo h ubum ᵈ sic. ⁊ latino Fabitinuᵘ
dᵒ ᵈ sic. Jstud d ipa orōne satio e.

**H**ec e orō sa q̃ specialit ᵈ quodam bntli cum
hore orōnes ᵈ plibz haut efficania ⁊ intelli-
genda sit. Jpm enim e quodam speeiale ⁊ tin eo.
⁊ aum una d gⁱalibz. ostendeo inse q̃dm gña-
lia. ⁊ omnibz aᵗibz comunia. sic ᵈo omia istan
ut dicᵒ. hec uos do. ut ipm obsuetis ⁊ custo-
diatis legem dñi. ⁊ qui sunt isti qui inospec-
tomini sepasstitut. ⁊ qui uidet facie ad facie
saluatorem nocte dicqz.

**H**ec inq̃m illa orō gliosa. ⁊ mistica ⁊ intel-
ligibilis. inquibz. mos ⁊ osacetia ⁊ inguᶻ
suggesstiᵘ. Jpm enim tantum e. u suet eam
sin uolutate dī. qui omnia pp indit inspec-
tu eius odita. Orō aute ipi cum tam gliosus
⁊ sacintale mistium. de ipi ⁊ orōne nemo
p empulam nimiam siu luxuriam aliquid di
ce psumat. siu requinis mebediat. n cum
suma discretōe ⁊ Vn salomon dic. Nemoi
quit ᵈ hac orōne. nemo aim siu rpibz. ⁊ tin
natis tetare psumat. Et si ᵈ ipi orōne aliqd
⁊ peeꝫ añ pm plute. cuⁱ memoria sacta sueit.
de ipa añ orōdem euis tam salubⁱs e. u ipzᵘ
insluentoe loeut ille ph psalmis ᵈq̃ dueum
Senite p me saciam uos sⁱ piscatoes hoiuᵘ.
sic dix ⁊ seec. Quo ipi oso tante efficatie tin
nqi mistii sit. n certia facultate samus.
Aee ⁊ quo semul n ⁊ quo discepulis sinsid

dicemut scire potuim. Ipa oro u dicimul
tanti mistli e. u ipm nom dominu magnu.
q̃ se scire mtitē sunt. itaq̃ il̃u templo re
pto. e tiã dicto. miracula fecit mtiti sur
q̃umq̃ feō. ita u nemo illor̃ illup̃ feere au
det ꝗtineatur. adquam an q̃m pueniendu
sit. aliquid ex dicendum earbitinur. q̃ua
ordinatoe sit p̃sendi.

Ipsa e gn̄aliu. ꝓ pma singulaiũ d utriq̃.
iuis oimens cum spiu d faciendia facilitate
hit ꝓ ututem. intelligendum e q̃ide quo
tpe. qua ordinatoe. quib; diuisionib; sit p̃
fendi. Omi tpe ꝑter q̃m in luna. x.iiii. ꝓ si
pra ordinato h singulis dieb; mane p sua
puas oroñes an q̃m ꝗ tam ineatur h̃o. tali
au m oro simul dicatur tota abs̃ diuisioe.
ꝓ diuisioe ĩ ea hubende sint. n q̃ oro diui
ditur inse. si ꝓ tanti nom ꝓ tam glosum in
pp̃ites scitur ꝓ singulas p̃ites ipsi tam
nommis ꝓ tam glosi. ꝓp̃ea p̃minos dice
di e u ipm excellentissimum nom. n simil
totum ꝓ singulitate ꝓ insinuitate miũ. p̃
ferant. ꝓ n̄o elemta ipsi noil e sillabe.
ꝓ memoratioe sint u sint poite. cognoscendu
e. ne aliquis p̃sumptuose illud p̃ferat.
siu ꝓ ignorãtia aliquid de ipso agat q̃ agen
dum no sit.

ec e enim oro simplex faciedie q̃m salo
mon ꝓ postei ei. in istis pui legem at. ꝓ
renouatioem. aut expedicum liguar̃ appe
lant̃. hec p̃napium oroñel us; adhinem.
emor. Feel. zabael. Gerozat. ꝓ orm.
zaragni. Cegomar. Alla. Athanatton.
Agiel. Azamuel. Athanaios. Ezomar. te
al. rigen. egenton. Corha. Cegetedagal.
hanabiae. ꝓ adilehios. Egedein. pollacato.
tirelens. Eremalios. hebnelar. ziton.
Gepeormel. Egerum. corol. ꝓ zarabiel. Sa
mil.

cce reꝯ ꝓ fuata ap sapientes seli q̃ utdi
erimul cum suma iclustria p̃fenda ꝓ
agenda e. omi q̃ de die p̃fen pot. si men
minalib; impeditus n fueit. Die aut qua
emnialib; ipeditus fueis. i code mo potis
illam memorare. ꝓ si bn nouieis rei cofa
candus. illud. ter repete. ꝓ si malum fueit

sue negotium secularem. un agr̃ uoluoes
semel repetas oroñen. et adhibetur tibi si
cuncle q̃ntum necce fueit. Et si ipm bis
repeteris. poss̃. eloquente multitudo obce
cantum o mi faementu oroñis ei. etia
aliud e q̃. impsa oroñe ꝗ sideandum e. Ipm
uidelicet oroñem itadebis ꝓ nunciat. ut p̃ses
sio ꝓedat concus ꝓ orio. ꝓ nuncietur autem
simul ꝓ abs̃ aliq̃ intuallo. ꝓ ꝓ nunciet ur au
sumo mane. ꝓ post oroñe dicatur. oro sa
cuncle. ꝓ intellectus. ꝓ p̃seueãtie.

mips sempiter̃ne d̃s ꝓ misricors. pater o̱m
secula benedicte. qui nob et nus d̃s. ꝓ m
ꝓ phensibilis immutabil remedium salu
tare ꝓ tulisti. qui ꝓ omnipotentiam maiesta
tis tue nob facultatem loquendi ꝓ cessisti.
ceñs animalib; negatum. cul dispositio in
sua ꝓ prudentia n fallitur. cul ꝓ nati etia e
ꝓ substantialis d̃o qui exaltatus es sup celos.
inq̃e tota diuinitas corpalit habitat. de
ꝓron maiestate tuam. ꝓ glifico omnipote
entiatis tue ututem. ac magnificentiam
siima. ꝓ intima intentionis imploraoe flagi
tans depre̱so d̃o meus sapiam ineffabilem.
in cui conspectu angelos ꝗ sistit. te depre̱
flagito. u p̃sem ꝓ gliosum nom tuum. ꝓ ꝓ
ꝓ spretum angelos tuos. ꝓ ꝓ p̃napatus ce
celestes m gitu tua subuentat. ut faciendi
tatem m tribuas. ꝓ intellectus tui memoria
ꝓ p̃seueãtiam ꝓcedas. Cui inuus e regnas
etñatis unus ꝓ trinus d̃o. ꝓ omia secula secu
lorum in ꝗspectu omnium ututum celestiu
ñc ꝓ et semper. ꝓ ubiq̃ amen.

sta aut oro sic finita. ꝓ istis additu ex nece
sitate s̃monis ponendum e. qi submissio
ut aliq̃ntulam taciturnitate iño. incipies
dice quod nolueis. postq̃m faciendiam ha
bueis q̃m ꝗ nolueis. pice e ꝓ nolup̃fieri q̃
tbilinguia. ꝓ mẽs suggesseit. Iste finis e gn̄a
liuim p̃ceptoꝯ q̃ data sunt ad intelligẽda.
ꝓ memoriam ꝓ faciendi am adipisendam.
Ista enim omia q̃ plixata sunt gn̄aliuim
p̃ceptoꝯ. data sint signa. iꝗ gn̄alib; p̃cep
tus. intelligenciis q̃ adipiscendis hãtur fa
cultas. que au ꝓ icepe sup̃sint ipm spe
cialem salomon appellauit. Ecce artes singu

...in iubilo arte dei. q̃ ars omniū aliaꝝ
scientiarum. Aut salomon. ⁊ cum ab anglo
di singillatim cum timore inquirere dicēs
domine. ꝫ unde hoc sciam. in p̃ stabitur ut ple
ne sciam. Q́p̃ tot ⁊ tantarū istiꝰ ãrs notulē
ozõnibꝰ dinumeratis. ꝫ unuis ad ipiꝰ habẽ
dam efficatiam ascenditur. Anglo legitur respo
disse. Ars g̃matica q̃ arꝰ liticꝰ dicitur. trahit
necessarīa. Ordinac̃oem. distinctioem ⁊ speciem.
q̃ ĩ structo casium. ⁊ ꝝgꝝ ⁊ ipis augentiꝰ.
siue figuris sympliciū ⁊ ꝫpositorū. ꝫ ornat
ꝫelinato p̃ tiū ad p̃ tes. siue apuiĩbꝰ. relato
ĩgtria ꝫ ordinata diuisio. Cū p̃ dentissime trã
note tōtiū agõte sunt. ū punam ꝫelinandi
plena cognito. p̃ tam q̃ uenieris omuiꝰ.ĩtiū
eiusdē ordinato. p̃ tiam ū omniū iptꝫ p̃ tiū.
symplicit ⁊ ꝫpoite ꝫ trina diuisio habeatur. ꝫi
aletica q̃ ĩ forma ãrtiū ⁊ dualis s̃mo dr̃. duo
necessarīa hr̃. facundiam agumentadi ⁊ p̃ udent
ꝝ respondendi sciam. Duas ideo illi notas. altitudo diuine p̃ udentie pietatis apposuit. ū per
p̃ mam facundie agumentandi. ꝫ p̃ secundam
industriam respondendi. abꝫ ambiguitate
adquitant. Appterea q̃ g̃matice tres. dia
letice duas notas ꝫscpsimus. Quare q̃ retin
ctaro notas. iiii. hic ūidimus. iiii. enim ĩ
ea ut ait anglo domiū uideamur. necessarīa
sunt. Ornatis ꝫ autōmum ꝫ ianuis flordus. Iu
dicum ordiniū ꝫ species ꝫ discretio causaꝝ.
siue officiacis testium ꝫ poita causantiū autop
natoꝝ ꝫ iudicium ꝫ poita dispito ãrs eidem
negotiaꝝ. ꝫ facundia cum intellectu ꝫ m̃ostra
tio. Arꝰ enim rethorice ideo dr̃ a latitudo. ea
dem notas cum ornatibꝰ suis sciis ⁊ gliosis trī
quam p̃ manum domini misis euellictis. rep
petunt. ut note singule ĩ p̃ sit ãrte. singula
runt facultates. Ut nota p̃ ma ĩ fate eadē ĩ
autōrum ianuni ⁊ speciem ⁊ flordum orna
natum adhibeiui. Secū idica uisla ꝫ ini
sta. ordinata ꝫ inordinata. ueru ꝫ falsa discõ
nat. tria autē ū officia causis ⁊ p̃ sciis ꝫpoi
te disponat. Quota enim ꝫ ū intellectu mat
q̃ facundiam subtilitatis ū ipiꝰ ãrs omniꝰ.
opꝰ abꝫ p̃ ustate distribuat. Ecce de g̃m
matica ꝫ dialectica ꝫ rethorica qn̄ singule no
te ĩ singulis iũbꝫ sic ponatur. De eaū iũbꝫ

autem ꝫ ipiꝰ notis. loco suo ꝫ tp̃ e sic in li
bro eidem salomonis regicm disponem. qui
bus tp̃ ibꝫ. aut quo statu note inspicede sint
⁊ p̃ fende.

**E**cce transeundū ē ū quibꝫ. tp̃ ibꝫ. ꝫ quo sta
tu. ꝫ quo note istar ãtiū inspiciende. ꝫ
ozõnes eas p̃ fende. ꝫ ãres ipse sint differan.
Situdcis. p̃ sini inate g̃matica fueio. ꝫ nolite
ris ei bn̄ cognitioem ⁊ sitiũ fore ad ꝫ collatum
fueio ū bo opꝰ opm ꝫ ad ãtiū possit tñ si
ma ꝫ subtilitate in ꝫ spice scecetū ū no
alū face p̃ stimas qñ liber ipse p̃ cepit. Ipse
liber siu tibi mage. ꝫ ipi ãrs siu tibi magi
sitra fueio. De eodem.

**S**ic enim note ãiis g̃matice inspiciende
ꝫ eis ozõnes p̃ fende sunt. Diebus igitur
qui una p̃ ma fueio. totam p̃ mam duode
cies inspicieda ē. ꝫ ĩ ozõnes eiꝰ uices.
quae reitande sunt cum sūme sãtate uene
rationis. tū modica intuiallis fueio. ꝫ ĩ sin
gula inspectoe note ꝫ ozõnes bis sunt rea
tande. ꝫ apectatis sūm opꝫ obf̃uandum. ꝫ
Sic agenduz ꝫ ipa dieluce. uꝫ adquatā de
amam. ꝫ a qui ata de ama uꝫ ad ceramam de
omam. ĩ nota ꝫ secdi single niceslies inspi
ciende. ꝫ ozõnicoeꝝ toeslieg reatande. intuial
lus aū fueio. ꝫ diuersio eidem ãtiū libris poi
tis ante oclos. ꝫ reuolutis ꝫ ĩspectis. ab octa
uo damo die. ꝫ sup ō tres note singulo sin
gulis diebꝫ duodecies inspicieda ꝫ ozõnes
toelies septies reatande. Ecce de notis g̃m
nace ãiis. Verum si aliqueidun legisti eide
ãiis librorum hr̃ desideas p̃ fectoem. ita faci
as sicut hic p̃ ceptum. Verum tam ornibꝫ
sciis ꝫ g̃natibꝫ ad augendum t memouiam.
ꝫ intellectum. ꝫ p̃ seuecintiar. ꝫ huis q̃ sup
memorata sunt reatatis. tp̃ e tam ꝫ ons osti
tutis. ne p̃ termino scriptum coñual inspecia
um. sim tam h fecetis. caue ut secretum
sit. ꝫ dm̃ t testem huo inspectoe. huis p̃ si
nitis. p̃ ueniedum ē ad notas. Ratio qua
ue note. p̃ ferantur.

**C**onsiderandum ē ū q. in p̃ ncipio inspec
tōnis notaꝝ omniū. 1. p̃ mo die. lege
dum ad uespium. ꝫ si puer fueio. obf̃uer ꝫ
ad uespam si poe. ꝫ si eris una potestate nō poi

te te uinare cogatur. hec preceptu e q̄. grat
te gr̄amatice damus. Due note dialetice
omib; dieb; p̄fen possūt n̄ tantumodo illis
dieb; qn̄ egiptiaca dicuntur. Note aūt .iiii.
alii rectorice illis dieb; p̄feruntur inquib; q̄
stituitur e̅ .i. omib; dieb; p̄ tūtimodo .iii.
dies r̄isie. Luna quintadecima. ꝫ septima
decima. ꝫ nonadecima. Et p̄terea his dieb;
ea; p̄fen cum orōnib; netitum e̅ quia illis di
eb; ip̄o teste salomōe. omium ātium note p̄
ter illius ātis notas allate sunt. Is̄ta p̄cepta
stant libalit obseruāda. Qualit note inspici
antur. ꝫ orōnes recatentur·

**S**ciendum e̅ aūt q̄. note ātis dialetice q̄
fuerint inspiciuntur. etiam orōnes ip̄ar̄
ip̄o die uicesies recitande sunt. ꝫ t̄ uallis
facient. ꝫ libus eidem āns dialetice. an ocu
los pōnit· ubi aūt rethorice ātis an oculos
ponendi sunt. qn̄ note eidem ātis inspici
untur. ꝫ qn̄ orōnes eidem recitantur sicut
distinitum e̅. Is̄ta sunt sufficiētia ad eorū
tocem istius tum ātium· Quomodo a crim
inali abstineant peccato·

**I**nap nota p̄ma āns gr̄amatice ad quam ante
p̄ueniatur· aliquid p̄uidendum e̅ q̄ iuxten
possit p̄ue ꝫ sc̄de· ꝫ sue note cognito· p̄mo
p̄ncipium note e̅ sidente ꝫ scire. quia det illo
q̄ note sue gr̄amatice· siue dialetice· siue
rethorice. ātis inspiciuntur necessauū e̅ ut
siua trentice ab omib; criminalib; custodia
tur·

**E**cce ad p̄ncipium note finitis gr̄alib; in
cipiunt spetialia· Verbum salomonis
ad impeditioc̄em ad dominum de p̄missis an
notas ātium trium· Orāto de impissa in
petimus ante notas ꝫ ātium tum·

**L**vr. sentius. via. Iudex· Misericor
dia· fortitudo. patientia· ꝫ seruia· Inū
a miserere· Amen· Doctrina·

**Q**ue de p̄mis capitulis trib; diximus· an
omi̅s notas gr̄alit. ꝫ spetialit. p̄nuntian
da sunt· Ita tam̄ ut cum ip̄is orōnes dieb;
de emnanis diceis· si de notis uoluec̄is opti·
ut tibi p̄mostratum e̅ toto me̅se dieb; singul
semel q̄ ip̄is omnes dici oportet ante incid
em· Et tam̄ an̄ notas singulas orōnes noti


apt̄is diceis· Et cum septimam inceptei noluec̄is
ad legendum siue ad docendum· facias ut e uisū
e̅. De p̄mittendo unius d̄is·

**S**ciendum e̅· si d aliqua sola āte scier noluec̄is
ip̄ius āns note sole p̄nuntiande sunt suo
tpe. De libilium tum satis diximus. In t̄co
q̄ p̄nuntiationis p̄fectam notay; fiunt agno
scere·

**E**cce de reliquis libilib; nulla meus notis
nisi p̄meaiū· dies obseruande sunt· No
te septem philosophie quas uidisti cum sen
tentiis sub ea ꝫ p̄ceptis una septima· ꝫ septima
decima· ꝫ uicesima septima cum omnib; suis
singulis dieb; septies reperiente ꝫ p̄nuntian
te sunt· Glota aūt tp̄is ꝫ ctōnes qn̄ scio· ut
tibi diximus cum tacitur uitate ꝫ timoce se
mel p̄nuntiande sunt· S; e̅ scā eius sacm̄
tum· Nota ū dei eius trinum posin semp
incomema· i. noua luna: inspicienda ꝫ re
perenda e̅. De notis aūt libilib;· iiii. sac
dum e̅ q̄. qn̄ ip̄is p̄nuntiatis caste uiuen
dum ꝫ sol me̅ dieb; e.us. Nota aūt q̄ uigin
ti quatuor; b̄ angulos cum signis suis ad
uetuis ꝫ nouium testantium· plenaiē· ꝫ p̄
fecte se h̄t. Ita tam̄ p̄nuntianda e̅· sic ip̄i
te audisti· hoc tam̄ de ip̄i restat q̄. quoties
cumq; eam repeteis· oms orōnes trologice
quas h̄t· his recatande sunt. licet notis sin
gulis singule singillatim· optatis orōnes q̄
sic diximus p̄nuntiande sunt· uerū ut tibi
diximus p̄dilectōe; plenui quotiescumq;· de
theologia magnum indigare noluec̄is· nota;
quam e̅ diximus repete· Secius aūt theologice
notas· c̄eus tp̄ib; ut noluec̄is p̄sficientia b̄ndi
tantoy; sacramtoy; p̄nuntia· De nota aū
gr̄alu ꝫ do omnib; eoy; h̄e scias qued q̄tens
cumq; de exceptius· Ede adiunctiuis scire uo
luceis ip̄um totam nota gr̄alem· ꝫ orōnes et
dieb; singulis in̄uallis facteis· ꝫ libus ātiuz
illap; inspoteis· sic d aliis dictum e̅ ꝫ p̄nunti
abis ꝫ qualiaq; di̅ uolueis d gr̄alib;· to
tis opteis· sic stpnis dictum e̅· an̄ tam̄ qn̄
aliquid d ip̄i ante p̄fecte opteis· oluec̄is· or̄
q̄ impmis capitulis trib; dicenda nouisti ip̄i
imedicet orōnes· dieb; septie singulis dieb;
septice diceis. in̄uallis facteis· ꝫ omi̅ nr̄ ar

noluerꝭ: ipm quem docuitus es: ipis oroñes
prius doce. ut eas quomodocumq; legat: ⁊ si puer
fuerit minoris intelligentie: lege an̄ eum in
parte uerbum ad uerbum legat: ⁊ si maioris in
tellectus fuerit: legat eam septies dieb; septem.
Et si notam generalium cum oroñib; suis p
ferre nolueris: easdem oroñes pferes ⁊ multum
t pderit. Ipius ḡ orōnum uirtus ē an̄ oem etiā
sermoem legum forte dicantur l' ḡ aliquā
ipius magnam pbibetur hēr efficaciam. De
orōnib; illis salomon ait. Istas orōnes so
las dicē nemo psumat. nisi p officia adquas
constitute sunt. Incip orō quīnta.

Deus pater immense a quo procedit omē bonum q. ē:
cui magnitudo mīr ē in ꝯprehensibilis: ex
audi odie preces meas quas in cōspectu tu
o refero. ⁊ redde in letitiam salutis tue leditie.
ut doceam iniquos uias scientias tuas: ⁊ co
uertantur adte rebelles ⁊ increduli: ut q. conde
repero. ⁊ ore o mem oro īme radicatus hām sim
damentum. ⁊ ī operibus efficax uidear ⁊ adiutus.
Incip orō sexta ad notam ñous. l' ad notam
deinde an̄ ipsis quinquies recitandi.

Segomatam. Agiathar. Ietamel. Gethonai.
Segmasarel. Gegomathel. Segomazar. Ag
miaton. Gegpeton. Eiagar. Samin. Ehelsioth.
Gezamatal. Gechoragonai. Samiel. Esemiel.
Sethogomai. Sanna. Rabiathos. Amnios.
Iste ē finis orōnis eiusdem.

Rex eterne iudex ⁊ discretor omnium agni
tor scientias bonorum. instrue me hodie
pp nomen tuum scm. ⁊ p hec sca sacramēta: ⁊ cla
rifica mentem meam ut intret sic aqua in
teriora mea: ⁊ sic oleum in ossib; meis. p te dēs
saluator omnium. Amen.

Incip orō septima q ē finis orōnum ⁊ ꝯple
mentum ipius. Incipit adnotam ineffabilem q ē
ultima theologie: uiginti quattuor habens
angulos: hec principium orōnis. ḡ; prius sci
endum ē q. uet omib; notis ꝯpetat tam p
ineffabili note ꝯpetit. Incip oratio.

Deus totius pietatis auctor ⁊ fundamentum om
nium salus eterna ⁊ redemptio populorum inspi
rator scientiarum. ⁊ donum largitor immense. decui
munere ⁊ misericordia uenit: ut tantum nob famu
lis tuis scientiam inspirare digneris angelorum

qui ē in misero peccatori: tua decisti sacre
sacramenta. Tuere animam meam ⁊ libera cor meum
de prauis huius mundi cogitationib; ⁊ ince[illegible]
libidinis omnis l' fornicationis fine potenter
extingue. ⁊ reprime. ut fructus tuis ⁊ actib;
intentius delecter. ⁊ des in petitoem cordis
mei. ut significatione tua ꝯfirmat: ⁊ caritatis
diligam te: ⁊ augeatur in me uirtus sps sancti
p salutē tuam. ⁊ remuneratoem sidelium in
salutem anime ⁊ corporis mei. Explicit orō

Incipiunt precepta de nota prima ⁊ secunda ⁊ tertia
⁊ quarta theologie. Orationes iste septem quas
ꝯposuimus augmentum reliquarum orōnum sunt
⁊ an̄ omnes notas theologie. dici possunt ⁊ de
bent. secretam precipue an̄ ineffabilem notam
pnuntianda ē ut ꝯposuimus. Ista expletum
sunt eas q postulasti ⁊ sufficientia que b
obseruauit auctoritate salomonis. seruia
re premius ⁊ plura. Ecce quia de misticio no
minum aliquid postulasti: ⁊ de nota ineffa
bili precipue hec habes. A patre de ineffabili
nota.

Gladiorum in eadem expositio. floris arboris
uoluerumq; candelabrorum ⁊ serpentium.
in angulis suis p figuras tunc salomon
adomino note pacificam accep. in folio aureo
designatam. ⁊ audiuit adomino: ne dubites
nec expauescas. ⁊ hi sacramentum maius omnib;
ē. ⁊ sub uenit dominus. Cum hanc notam
inspeceris: ⁊ orationes eius legeris obserua manda
ta q supius data sunt. ⁊ ipsam diligenter in
spice que legeris. tam in nota diuina ⁊ in nota
di. ⁊ in nota ineffabili. caue tibi prudenter
ut cumq; inspexeris. ⁊ quicumq; tibi p uisioē
uenerit. celes ⁊ custodias. Et cum tibi ma
nus dei angelis apparuerit signum uocis inue
nillum: gerens in ea que tibi scripta ostenderit
ineffabiliter custodi. ⁊ quicquid tibi in omnibus
notis apparuerit. summa intentione obserua. et
orōnes sic dictum ē ita pnuntia. duob;
quā habes sic preceptum ē diuide. ⁊ fac in
tualla sic ē supius dictum ē ⁊ pquam eas di
xeris: sapienter dic illo age ⁊ caste. Si autem
incestius aliquid feceris: periculum quidem
instanti: ab aliis quidam notis ⁊ orōnib;
eius: ⁊ ipsi sunt q in specialib; ꝯsideranda sunt

Ista sunt meffabilia uta orōnis quinte note
ipius.

Iosel . anatol . Gomor . Cegamor . Et diam
sunt q̄ notas omniū ātuum z papue theolo
gie quar dicende sunt. hoc z explemtium totū
opis . si quam de opis explemtium totus aliq̄
plenius dicē siue declarare necce ē ut plibata
inuacluis z sumemus . Iniate omnium ātuum
cognitōem datam ostendit . z fere pfectam .
Ecce q̄ dicteim fere enim diē q̄ adhuc q̄dam
floridā z zema restaur . hui opis institute . q̄
illud pmium ē.

Cum de omnibz ātibz gnālit opare uoluetis
sicut tibi supius pmonstratum ē opare.
z z nomenias z notetz pmuntiatōem cum orō
nibz sint diligent obserua. Quātū autē luna
z omnium orōnum theologie pmuntiatōe ita
obseruabis. Quotienscunque luna . iiii . fue
rit inopis tātā efficacia exibitō. subtiliusflu
mos inspicias. atq̄ z ipoz septimis audias.

Hoc autē sciendum ē. q̄ si z tibics adma
hnus tm̄ ñ potes. l̄ si z ipso inspicendi nō
fuerit data facultas. ñ ideo minuit eit opatio
nis effectui. Capitula autē quibz. dubita
stī. l̄ adhuc fortisan dubitabis ita pmuntian
dasunt. sic supiox liber docet interiox. hoc
autē scias quia uba sca q̄ añ lectum insimi
ad expintiū moius. siue ante dicenda insti tui
mus. z z si nichil aliud z toto corporis āte fa
cē noluetis. cū sepius potio exptare. Etiam
z de insitx sacenda q̄ expintiū datū ē. culli
quātum noluetis potes teptare. Ista sunt q̄
specialit agenda z obseruanda sunt. Cum de
theologia noluetis pp alios qui z breuiū insti
tui sunt. nullus obseruando ē . Tempora autē
omnia ut z pfecta sunt notetz z orōnibz deq̄
bz data nō ē ipū diffinito. hoc autē restat
q̄ rātium tubilium tum pmuntiatōz. siū
tripuz opatoe notetz si forte atq̄ āte pene
tris institueū pius si certis potes obseruare.
si duos trangressus fueris. nō ideo euacua
bitur op. Et si maioribz. niil tunc potuit
dies obserua qm̄ bonas. Vñ Salomon. bos
si in scltius fueris indie duas luna . ñ inde
treatur. qb capitul gnālibz. sic diffinitur z
opatur. hoc satis de istis. Verumtam z istu

q̄ t unito, pmonium faciendoz . siū lectōnu
faciendoz . legendax siū adipiscendaz. do
condaz q̄z ppōi milia occasioe obtinuscatis. p
se enim effectū hī. quibus sacmtalibz. uisioni
potueis frequent opim. siante noluetis in
cipe de toto cōpore āte. op sic diffinitumē.
ea capitula pius recta. de quibz data ē diffi
nitio potuisam.

Sciendum z ē. q̄ theologia pse omnium po
tēio opari. Notem tam semis inspicā
orōnes theologie quinq̄ supuis repete. z si
toto ope uetō cessauit. hoc tibi poñt magnum
septuiez ofer . re effectum. Necessarium
quidem ē ut notam uiginti quattuor angu
los habentem cum orōnibz sius sex umemou
am habeas. Et z supuis duximus q̄ puriscam
iudeis anglo pmonstrate subeishedia tua
habeas. z sub fideli cētamine.

Ista sunt q̄ opis pordentis sunt bonī bon et
plemtium. hoc pnapium orōnim sedorum. q̄
salomon nouam appellat. Orōnes enim
iste añ oēs specialit. z añ oēs gnāliz diapoteē
z debeñ. z z si abst Auis capitulis z ipi āte p
fecte opari uoluetis. ipis orōnibz dictis theo
ordine. potūis mqualibet ātuum magnambe
sacentiam. Ipēs orōnibz neq̄ dies neq̄ cpa neq̄
luna obseruanda sunt. Si tam inopis spaltul
pil obseruare detur q̄ diebz quibz orōnes iste
pferuntur. de peccatis obseruandum ē omnia
libz. luruie gule. z maxime z iuramētis sup
flius. adquas añ qm̄ pueniatur. aliquid
plibandum ē quō tpiz orōnum pleniox. z p
fectiox cognitio habeatur. Vñ salomon iluo
aureo ait. Ego istas orōnes plaruez. timui
ne offendem dominū. z postuit in tpis inquo
illas incepim. Aut incastitate bns ut de ipis
in occetris opiter. Ista sunt orōnum equ
pcemia añ quas tam ea quibz dubitas
poñe nolui. ut singula singulis suo ordine
poñi. absq̄ aliq̄ distinctoe claretcēnt. Ista
sunt z quibz dubitabas. utrum capitula fi
losophie cum omnibz sub ea sceptis absq̄ cēta
dcbant z posliit ipē dimissio p fcix. poo
pme equide z sic pius pliammus ita posluit.
Sz hoc sciendum z ē q̄ fm̄ intentōem quam
t adeoz collatz crebio z suotem supuis pliu

tam subtilis inspectionis intuitu de ceteris percipias vel nulla sint de quibus tibi deinceps dubitetur. Verumtamen terminum non posui, propterea quod initio sepe mens eius constitui terminum nequeas. Si autem forte magis volueris tam sublimium accidentium necessarium [illegible] ut supra vi. hora operis habueris huius principium. Et sic ante ipso dispositum est. Bonum est autem fieri ieiunium [illegible]. utrum boni anima la [illegible] voluntatis divinis ostendantur. Hec enim ante omnem magnam [illegible] religionis antiquitus instituta est. Sed si enim aliquid aliud est de quo dubitas: initium prius sive quatuor subsequentium artium liberalium effectum plenarie cognitionis habere. et si secundum quod superius scriptum est orationes et capitula et per notas pronuntiaveris et cantaveris et si aliquid ignorantis pretenens subsequentium orationum potestas spiritualis potentis virtute reconciliari. Ipse enim orationes sunt de quibus Salomon dominus ait: Vide ne orationum istarum sacramenta siquis presumptuose vel ignoranter ingressus fuerit, reverenter atque subtiliter. Et de ipsis orationibus angelus magnus ait: hoc sacramentum dei est quod per manum meam tibi mittitur. Ad hanc similitudinem sacrificii cum pacifica magna Salomon rex super altare aureum in conspectu domini offerret, vidit librum involutum sindone, et in libro scriptas orationes decem et super singulas orationes signum sigilli aurei, et audivit in spiritu: hec sunt que signavit deus, et que longe exclusit a cordibus infidelium, timui et ne offenderem dominum custodivit eas. Ipsas orationes infidelibus suis non est opus de ipsis. Sed qui aliquid magnum vel spirituale in animabus suis inmittere aliquid vult adipisci scientie negotium, si superius non potuerit omni tempore quocumque volueris. Has orationes dicat. primas per tribus annis vel [illegible] spiritualis singula vel generaliter omnes tres per tribus ut dicende sunt. Idem quocumque volueris tempore dicas .iiii. subsequentes per .iiii. subsequentibus [illegible] similiter. Et si forte totum corpus artis habueris absit aliqua temporis diffinitione ipsas pronuntiare poteris orationes. Ante autem singulas et ante orationes vel notas eius quotiens volueris plene manifeste secrete pronuntiare et tamen tibi pronuntiatione [illegible] et sobrie et caste vivendum est. Hec ipsarum [illegible] prima. AD MEMORIAM.

Omnipotens incomprehensibilis, invisibilis deus. Adoro hodie nomen sanctum tuum, ego indignus et miserrimus peccator, et extollens orationem meam et intellectum meum ad templum sanctum tuum celestem Iherusalem, et assisto tibi hodie deus meus ostendens te dominum et creatorem meum et me rationabilem creaturam tuam, et invoco gloriosam clementiam tuam, ut visitet hodie spiritus sanctus infirmitatem meam. Et tu domine deus meus ostendens te deum, et qui Moysi et Aaron servis tuis pluribus clementie exhibitionem legis tue efficacem doctrinam tribuisti, confer hodie mihi superioris dilectionis qua instigasti servos tuos prophetas, et sic eis potuisti mentem meam confirmare doctrinam. Adhibe michi rationem scientie quam desidero, et munda conscientiam meam ab operibus mortuis, et innova cor meum in viam rectam, et qui ad imaginem et similitudinem tuam creare dignatus es. Exaudi me in iustitia tua et doce me in veritate tua et reple animam meam scientia secundum magnitudinem tuam magnam ut ambulem in multitudine miserationum tuarum, et delecter in operibus tuis magnis, et complacere in veritatem mandatorum tuorum, ut secundum opera gratie tue ad vitam restauratus. Exaltato corde et conscientia mea emundata et fidem [illegible] et epuler in conspectu tuo, et exaltem nomen tuum quod bonum est in conspectu sanctorum tuorum. Sanctifica me hodie, ut in fide viva et spe perfecta et caritate constanti, veritatem quam desidero et adepta scientia exaltatus corroboratus et illuminatus diligam et cognoscam te, et sciam et sapiam et intelligam de secretis tuis que hominibus scienda promisisti. Iesu Christe fili dei unigenite, cui ante secula dedit omnia pater in manus, da mihi hodie per nomen sanctum tuum gloriosum et ineffabile instrumentum artis et corporis ydoneum et perspicacem linguam expeditam et liberam et absolutam ut quicquid postulavero [illegible] mea et voluntate disponatur, et omnis actio mea in bene placito tuo iudicata et confirmata subsistat. Aperi mihi domine deus et pater vite mee, aperi mihi fontem quem aperuisti protoplausto Ade, et quem aperuisti servis tuis Abraam, Ysaac et Iacob ad intelligendum et discernendum ad iudicandum. Suscipe hodie per me domine preces omnium sanctorum tuorum atque omnium sanctorum celestium virtutum, ut scripturarum tuarum docibilis constanter efficacie securitate custodis per intellectum.

## Oratio secunda

Adoro te rex regum et domine dominantium rex eterne spiritus inuisibilis intellige hodie clamorem spiritus mei et cordis mei gemitum in commotione mei et dans in corde clamore pro laude respirem inter dominum et saluatorem meum. Lana domine misericordia mea spiritu nouo tuo per intellectum causам meam malo. pone intellectum tuum sanctum bonum et aufer a me quod malum est et commutatis me in homine nouum in dilectione qua reformasti me saluos tue. intelligentiam tribuat merentium. Exaudi domine preme animam quod clamo ad te hodie et releua oculos carnis mee et intus in consideratione et intelligens et custodiens mirabilia de scriptura legis tue uiuificatus inuisibilis es omnibus inuisibilibus. pro ualeam tuo conspectu adiuvans fierium chabon. Exaudi me domine in nomine domini mei et spiritus esto michi qui plasmasti me et ostende in hodie uiam meam et porrige in uias salutare. ut potem a fonte qui de eo. ut de scriptura adepto intellectum psallam et intelligam mirabilia uirtutis tue et ueniat et requiescat gratia spiritus sancti in me.

## Terna oratio pro stabilitate mentis

Confiteor te ego reus et indignus hodie deus scriptor celi et terre et editor omnium inuisibilium et uisibilium creaturarum omnium uirtutum atque gratiarum bonorum dispensator atque largitor et absconditi sapiam tuam et scientiam a superbis et reprobis. humilia hodie cor meum et stabile fac intellectum meum et mentem meam. et te diligente fac scientiam et signa hodie super me uultus tui domine et spiritu inouatis intelligens efficiat et emundans tuis et emundatius ab opibus mentius peccator meos quod ualeam in scriptura sancta. Proba misericordissime et omnipotentissime deus ure renes meos et cor meum hodie gratia spiritus et igne inspirationis tue uisita me hodie et sollicitudine stabilitatis tue pange lumbos meos et baculum confirmationis da dextere manus scriptura legum tuas et dirige mente meum in doctrinas tuas et aperi manuum tuas et sciam spiritum meum ut indicatur mentis et peccatores meos soluis quod ualeam et fortem iobiam manum tuam. Inspira in hodie spiraculum inte et auge in mente et intellectum meum

Pie pater misericors fili clemens spiritus sanctus trinus et unus deus. O inestimabilis adoro in loco. O pater nomen tuum sanctum super effluente equitate tuam. quamuis ignoscas indulgeas. et miserearis in misero precium presumit. officium quoque aggressus sum de literatura cognoscendi sapientia efficaciter insensibus meis uigeat et ualescat. Aperi michi domine aures meas ut audiam. dirige lutum oculos meos ut uideam dilata aures meas ut audiam. et forta manus meas ut operer. et firma pedes meos ut ambulem. expedi nares et os meum ut uolere faciam. et sentiam et loquar et placita super ad honorem nominis tui quod est benedictum in secula. Secreta de instantia mox et de acquisitione uenturum.

Extollo sensus cordis et anime mee ad te hodie domine deus. et eleuo cor meum ad te ut complaceat hodie gemitus meus in spiritu tuo. et placeant uerba et opera in spiritu populi tui. et fulgeat hodie omnibus magna misericordia tua. In uisceribus meis et dilatetur meos mea ad efficatiam scilicet custodie operandum. et crescat eloquium tuum in ore meo. et gemmet gratia tua in corde meo. ut quod legero uel inspexero uel audiero. sic intelligens adiuuem intelligam sic custodiam habeam custodiam sic memorie tenui iacob teneam. Uel inscrutabilis tuarum uirtute funditus et indicatus me in fundamentum gliter acquisisse. et delectatus in operibus manuum tuarum iustitiam et pacem mentis et corporis perseuerantem adepta custodia et spiritus tuo domine plenarie in me operante gratiam. hostium inuisibilium siue inuisibilium in ad usancium insidias atque insidias gaudeam suisse. Septima de trepidatione ingenii et de subtili

Dominium regnorum siue potestatum inuisibilium et inuisibilium dispensator atque dispositor deus omnium uoluntatum ordinator. domine et fili totius boni spiritus dispone hodie potestatem debilem et intellectu et ordina hodie uoluntatem tuam in bonum in placito tuo. et in gratiam tuam multiformem in benignitate dispensa largire spiritualis et ad multitudinem peccatorum meorum respiciens in quo desidero cogitandi et intelligendi et memorie retinendi

di effectum. et gratiam tuam sensibus meis accomoda et insita me uisitatione spiritus tui. ut quermacula canis siue expectati natiuitate laborem in diuine tue ineffabilem illas aboleat pietas qua principio celum et terram creare uoluisti. illa spiritualia et magna misericordia restaurare. qua hominem positum ad gratiam admisse primum statum reuocare dignatus es et quod michi iudicium sathane sensus facultatis intellectus abstulit in bonum et spiritualia eius attingens ad finem usque ad finem fortiter et disponens omnia suauiter. restituat. quatenus ego indignus et miser peccator. in operibus tuis consummatus. in his quod desidero subtiliter efficiar. prospicere et faciendo spiritualia septupla pars et filii et spiritus sancti. largiente cooperante administrante gratiam. Amen. Octaua oratio de puritate confessionis. et de impetratione gratie dei ad intelligendum.

Deus unitas dominator. et totius creaturarum inuisibilis. admiratione fecundator omnibus omnia. singulis singula. presciuit habens facultatem nate prope qualitate misericors. Angelorum et hominum gratiam celestis largitate recompensans. effunde hodie gratiam spiritus sancti in cor et in animam meam. et multiplica in me dona spiritus sancti. corrobora in me interiorem hominem. et secunda in me renouatione gratie tue qua angelos instruxisti. et forma me largitate qua a principio fideles tuos docuisti. ut operentur septiformis gratie muneta spiritus tui atque supernae ierusalem cum impetu fluentes de urbano puteum assidue. et anime mee fonte irrigent. repleant. et exubescant caritate qua de celo uenisti. super aquas maiestatis tue huius sacrum sine et sonante magnalia. Amen. Nona oratio per septiformis gratie dei exemplar. et per septiformis gratie spiritus sancti. restauratione.

Profiteor bone domine deus pater omnium hodie. qui celestia secreta reuelas fructus tuis. O pater supplicat maiestatem tuam. in sis rex princeps cogitationum mearum hodie. et dirige operationes meas in spectu tuo. et actiones meas in spectu celestium inuentum preualeant. et clamo ad te hodie deus exaudi clamorem meum et in gemisco ad te. suscipe gemitum cordis mei. comendo hodie spiritum meum. et animam mea.

e cogitationes meas in manus tuas pater meus
et deus meus. et ne me a te sentiam delictum. si mu-
tuam sententiam inme et exaltetur nomen tuum bonum inme. Clementissime spiritus sanctus deus, cui toti-
tas eterna cuius mea misericordia incomprehensibilis cuius per-
petua claritas: cui possessio celi et terre plena
sunt. aspira, respice, intende. ad hanc op-
tionem meam, et qui intui nominis laudis ly-
ppetro inme perfectionis dispensatione et ple-
atur. doce me domine, sic pono me decen-
dum, rege me, et gratia tua inme fidus con-
stinge, ut spiritus tuus inme vincat, regat, et im-
petret. Amen. Decima oratio ad uenimusque cum ap-
pendiciis et eorum observationem.

**D**omine quia seruus tuus ego sum et hodi-
e et confiteor coram maiestate gentis tue incui conspectu omnis magnificentia, et omissa sca-
monia est, deprecor se in et ineffabile nomen tuum. quinus hodie ad tante orationis effectum, aures tue pietatis inclines, et oculos
tuos accomodes, ut aspiente te manum tuam gratiam quam desidero satier, et secundur
castitate qua celum fundasti et terram legien-
te. Amen.

**H**oc est opusculum quod cetis manus est, quia an-
omnia capitula spiritatos opem absque christum
aliqua distinctione presidium est. Et quia ce-
til et excellentius, per absque christum distinctione
presidium dedi, quia in angelica ministratio
usu erit. Ipso enim cum ad omnino inquirere
quid res spirita temperate subtanes difficultate posita et sub tam seu divisione christum ut
cum illud sepius inquirerem, tande exeto
retuimo in ab angelo responsum est. hoc
opusculum mittere et dominus qui secretus
apre divisionis. quia an omnia huius annis capitu
tula, sine an notis presidium est. Et de reliquis multa ingressus fuitio, hoc poteris
faciale tegan. hoc principium huius opis.

**M**enelogon, Saphui, Saguian, Zeber,
Gemoziol, Sanna, Gecogra, Samei,
Geremiel, Grisiothos, Sephurnai, Gene-
zabal, Genetworos, Sennammatum, Gra-
chiel, Megeworos, Gerrumiatol, Gen-
stol, Ctobos, Sabul, Resalius rara, Ge-
nasiel, Sephoros, Zephronai, Agona.

Messiel, Socker, Amel, Semustos, A-
motal, Othon, Semiothon, Sannaday,
Bockothus, Semenos, Rabis, Pennai,
Oreb, Zemel, Aza, Gemol, Gemeriel,
Semei, Semeriathon, Gecon, Semouon,
Agueneton, Tsistos, Cloi, Zephanamai,
Auothos, domationos, Arhamir, Seuon,
Pagramagol, Sethar, Sennamagal, Gu-
miothos, Gecetol, Phanial, Gegremos, G-
remiothon, laudogios, Seplagiel, Ege-
mar, Stanamel, Athanathos, Egrogebal,
Regom, Enecamar, Marothon, Gecarnai,
Enomos, Gerconos, Sabir, Gegozai, Elle-
saunt, Sephirnamaton, Balazar, Sama-
chia, Amiel, Gegenratel, Sacramanai,
haman, Semol, Gegemol, Sicromol,
Gezabal, Sanna, Athanathos, Theos,
Guem, Egeliem, Enchemos, Gegegol, A-
ratlumin, Jaman, Enchemos, Gegon,
Treuon, Seumai, hemel, Sechoi, Ege-
ebos, Spomai, Gezael, Zamnael, he-
mial, Gemagros, Sennaur, Gechornai,
Nemal, Agathos, Amaroel, Gerroma-
gos, Magutr, Sannamel, Geronaiel,
Namareba, tanai, Semmaiel, Ezoi,
Gemiothon, Zannamiel, Segiel, Asa-
gol, Agenol, Semanai, Meana, Sa-
ranai, Zathim, Ziager, G G Egiel,
Samaur, Tenagiel, Acharos, Accha-
ronathos, Semelai, Janne, Gezahul,
Sennachoros, Achoronathos, Sauna-
clerl, Auer, Zechur, Azamachur, Jen-
nagemal, Amegol, Semar, Athana-
mauos, Remalamos, Sabirnai, Ba-
tarnai, Baruchaia, Jaton, Jalon, Ef-
puos, Remel, Semar, Gelamachron,
Seier, Gegemagil, Sanna, Jamazia,
Macharion, Senos, Eliothon, Sem-
nair, Lamar, Lamazai, Secro naion,
Gemal, Secromagol, Jamazai, Ge-
clynomazol, Germinus et meta sensum,
**E**gremes, Thoomo gent, theos, Atha-
nathon, Kuielis, christus, kuielie,
christus polis, On, ymas, Auecenathion, ymac,
Loomboom, ymas, vision, ymas, Ge-
romegos, Agenoi, ysiston, Geroma

gol. Azamal. Latham. Senaar. Ge
tronaal. Sacramagil. Gecero. Genomeli
Neomonos. hennatel. Semia. Gethsen
natos. Semenaol. Orthros. Athanaos. Se
phar. Nemenomos. Comortonai. Jama
zanamir. Lmnar. agramos. Gonoramo
sema. Magil. Amaton. Semmagaron
Semir. arannas. Ramoth. Anatamai.
Josse. xps. amristos. Cluracheos. Ruch
nos. Geros. galech. Sermamarun. Jasol.
Salem. Alleluia. Theos. Philos. Allelu
ia. Aristos. brem. Hios. Alleluia. Sami
a. Siloth. Allegenomai. Methonomo
Gethonomai. Janatheos. Sannamara
thos. Genotilos. Genasar. Semanasar.
Samacher. Cherub. Jaman. Egel. Se
cluigomael. thaman. Maclur. Aza
nachir. Azanachir. getonomathir. Sa
mia. Gsara. Sannazair. Gnazatel. Sa
matel. Agerogoton. Samach. Abisana
ach. Endois. Lingeeltra. agamaguen.
Lemeroth. Semanarton. Zaguam. Et
apponente. Apocothos. Haamalarathos.
Gcachacia Lathos. Genozabahir. Lemath.
Almatlemar. Sothomazal. Rabisadul.
semauel. Gethomazial. Legos. Patir.
Genomichros. Sennazachamar. Azani
athal. Gomocroy. Laudo. theos. Fatron.
decapentamios. decapende. Diameiatos.
Samiarim. Genathalai. Same daza
mar. terminus quartus.

Semaciotheos. Grathopanos. Gemini
el. Gimanas. Seplomeron. Gebbla
thai. Gudion. Janastasis. Anasthasion.
Clitos. Ostosion. Gezabil. Samathiel.
Semmumoth. Gachanos. limeliam.
Seplironegon. Zaramuael. geristlo
sinuevs. Othon. terminus quintus.

Sadailamon. vagem. Narmagos. Se
maguar. Glach. Ornoolnocheo. Jn
coo. terminus sextus.

Lemal. Ragam. sabsaton. Gnegiel.
Legonon. Nagai. homelgemoz. Saga
nar. Hec .iiii. ad singul restrictoem.
.iiii. potue dominici pnomine illi.

+ calapelos. genoramal. greame. nost. getachn. sacharnianas.
gcatheghor. vrtel. phaboragros. orus. yotomegon. sarach.
l sarasstach. ermichtoy. ezaladua. Vsie.

Scalapalos. Genogramel. Garamanel.
Gegtebar. Sthamanos. Mariangltos.
vnel. Ptabonigros. Jotomegon. Sarac.
Sazaisie. Crmnelitorum. Ezaladna. Vsi
siem.
Gethonegos. Samanachos. Sazanachozai.
Glanithios. Sannanuel. tanquilos. Za
numel. kinon. kanstromenion. Saromo
nai.

Recapendos. Cheralamaton. Saturnael.
Geramatael. Nagatamal. Gndamios.
Regamathial. Sanguael. tirogetos. Ama
zai. Renelios. Zachamaliel. theomegros.
Labatametion. Ceronon. horius. Gamal.
Samaria. Sactromonai. Geromaziel. O
thomegalon. Gigomegalom. Gethozama
nai. Azachuniel. Azahinos. Amaton.
Labeasamation. Gfiologion. Gleis. ymon.
omemrogoeb. theos. Glothoi. Sacamozai.
el. Lamothiamon. Nagan. Legmeziel.
Lannos. Azamaton. Treomathianation.

Magnus. Magol. Nanatol.
Sazanthos. Euamothon. Sephurnauaton.
Gemaziel. Segamel. letaron. Letarnos.
Lammazarenalamaraton. Labrnegal.
Sagemieros. Egemeziel. Samalogotron.
Anomos. Grutomessios. Sochuon. Zeno
gesseptho. Gelael. Zephastanios. Ama
razios. Sananzicel. Geguamaziol. Asa
gar. Azaganamar. Semnagel. Setha
stologion. Genalagros. Agenolothogos.
Segogomai. Lammaramos. Remeluthos.
xpromeliel. Azimeios. Gamal. Azara
magros. Gehemiel. Gegonomegal. Ana
rpos. Gemothcon. Samot. Euemomon.
Jalamum. Aminos. Gegelios. Sartaiai
Gethozamanu. theos. Agios. yschiros.
Athanathos. Amin.

Quinq sunt generales fi
gure. Septem sunt phi
losophie. Tres gramatice.
Due dialetice. Quattuor re
thorice. Quinq theologie. Vna
musice. Vna reprehensionis etaci
turnitatis. Vna ad exceptiuas. Vna
demirabilib. Vna iustitie pacis?

timorif. Vna inexplicabilif ho
minibz. z ita sunt in
summa xxxii.

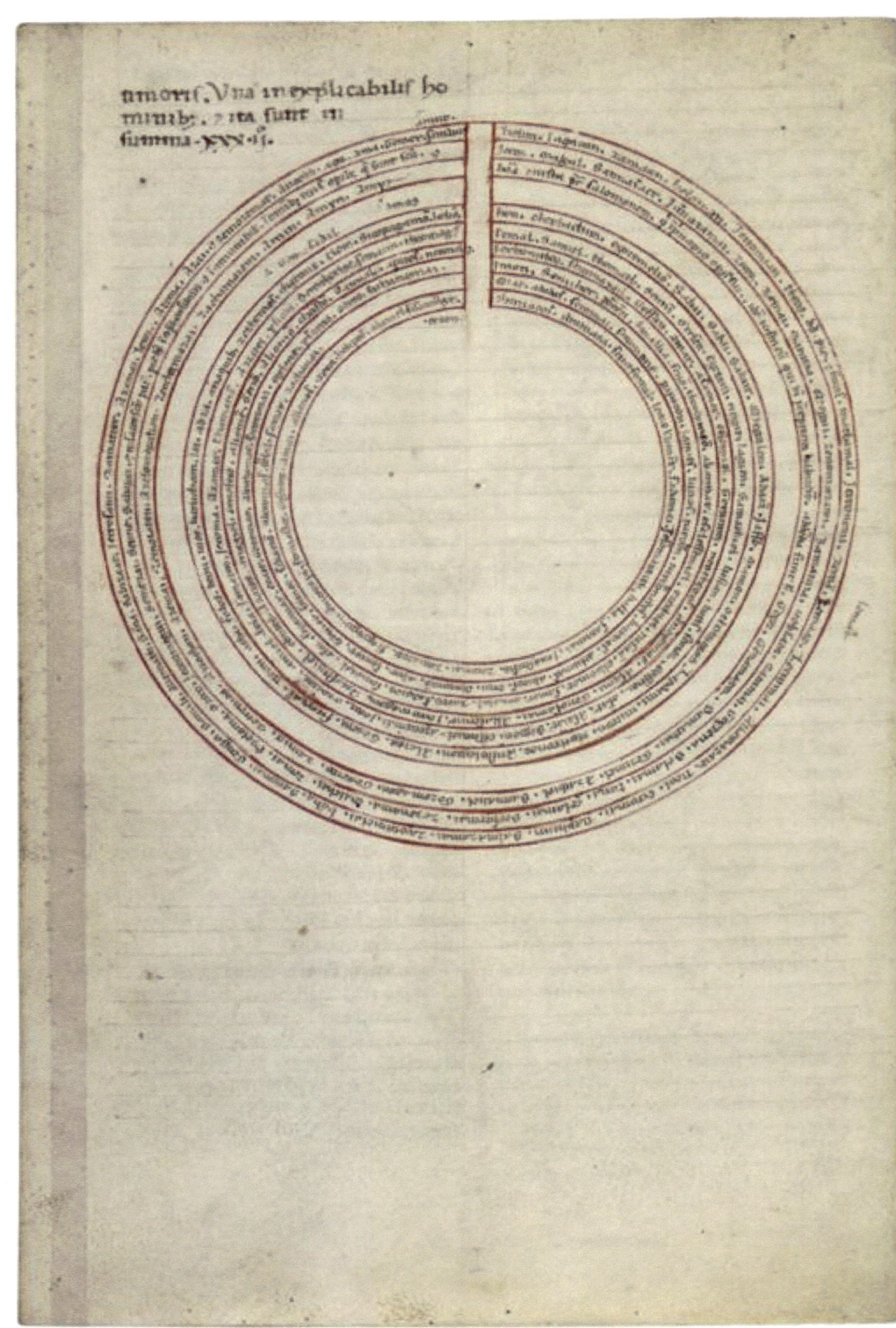

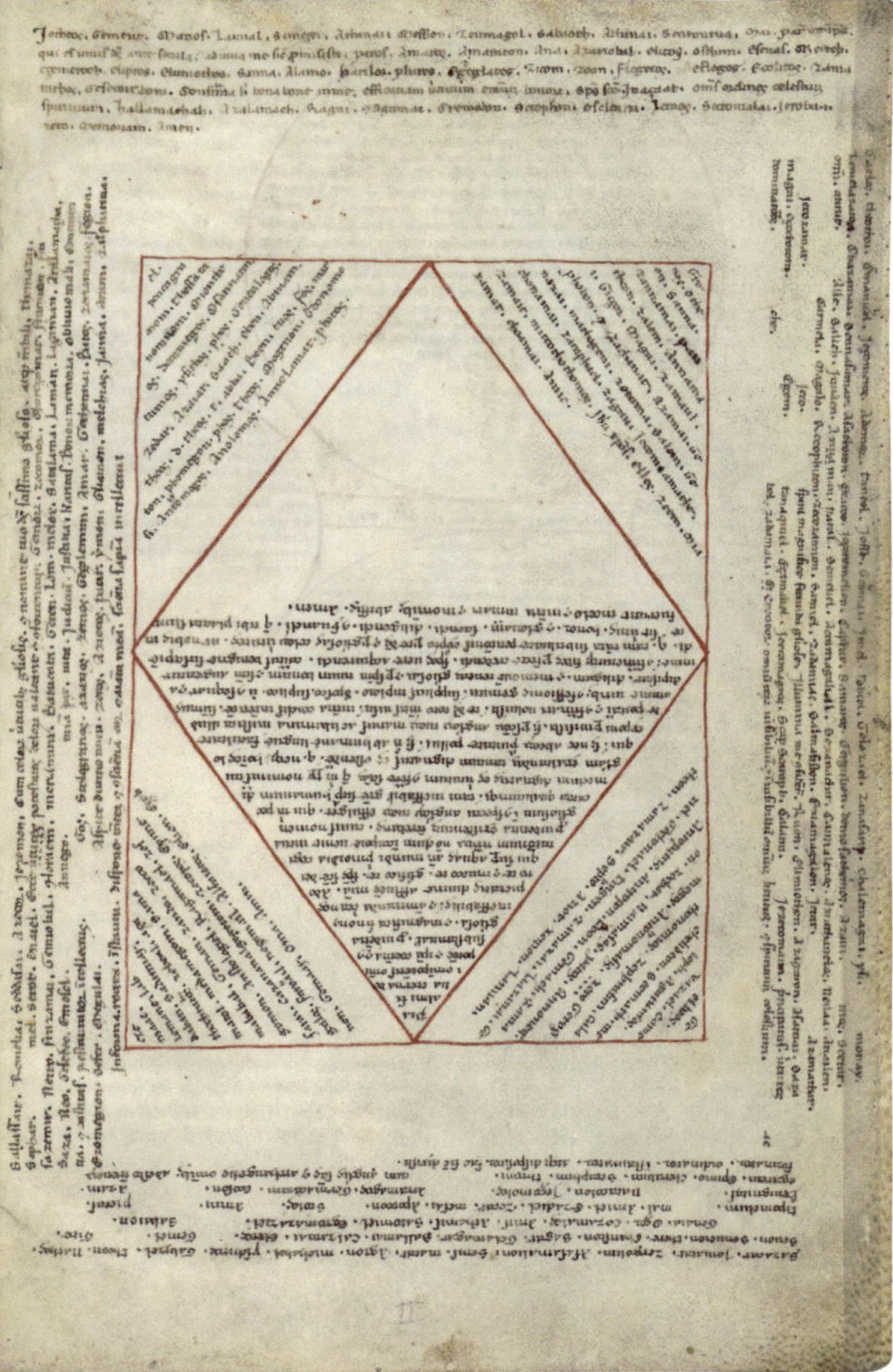

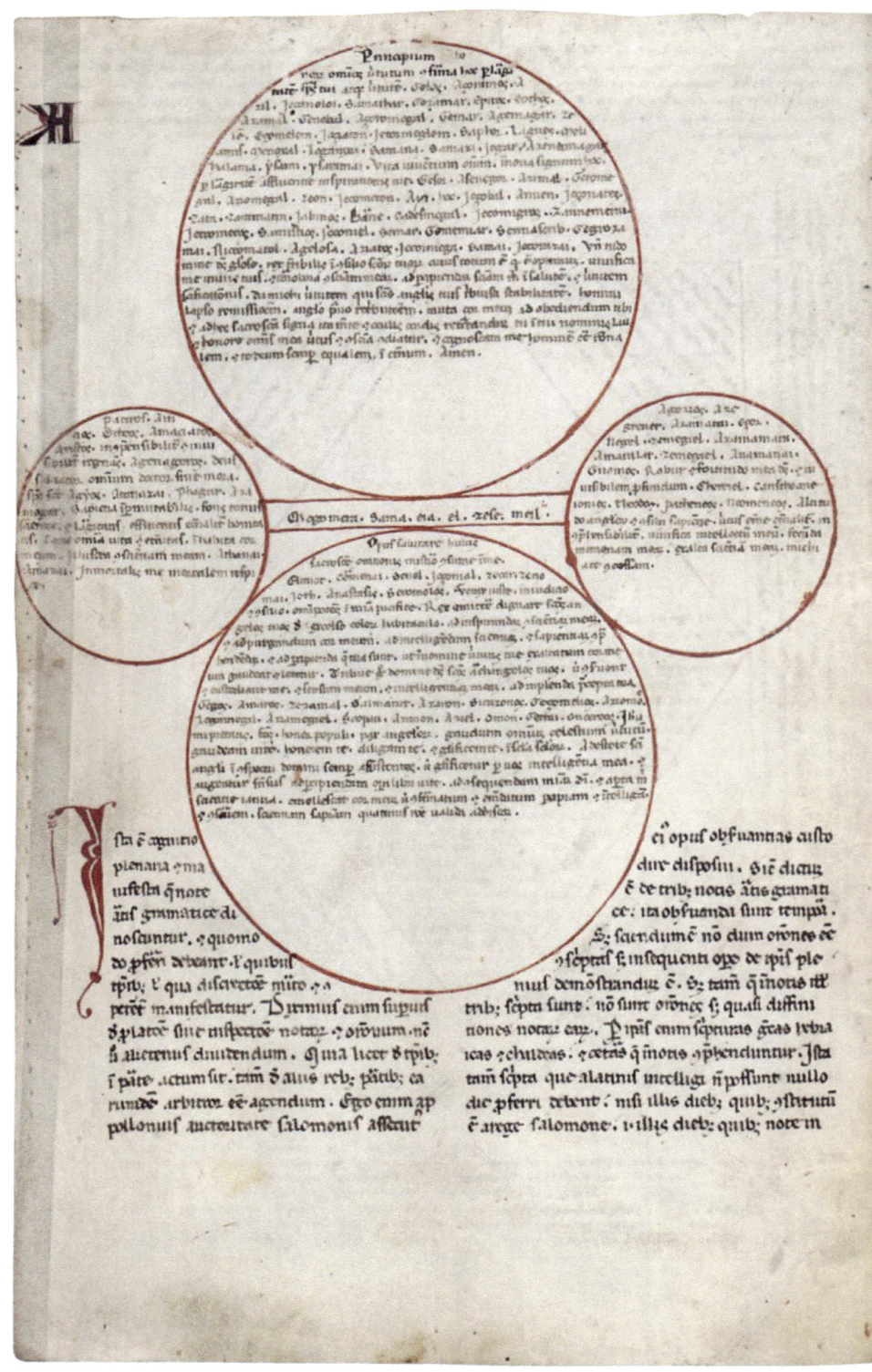

spiauntur. fi ist dieb; semp sa
die pquam nota pmo die inspiatur secunda
die post ipin: ipa q pnomis septa sunt. recita
ti sunt. et tam q latina sunt ipis dieb; quib;
note inspiauntur. pfen possunt. Note aute
uis dialetice due sunt. si quib; tpib; p
fen detratur. impite dictum e. pea aut cett
d ipis dicere. ecce ad reliqua aud ad utendu
e. sciendum li abitamur eaq etiam inousa
no dialetice septa sunt. omnib; dieb; pfen pos
sunt quib; artis eiudem note inspiauntur.
Saendu metaq e ipa septa latina sm antiqua
tem lebreos semp posse pfen n illic dieb; q
uis durimul. Videndum tam e nullo meo
posse pnuntiari nisi ofestioe p pcellente. I
sta tantu sunt osideranda. ut. iblsq ot
casioe aliqua ista sic dicta
sunt omnia fiant.

Salomo e in air. omia ista pptrea sic dicta sita
fuit. ot dictis q subsecuntur. ut ittellectu e me
uidcis dialetice nota pma signum q. ipa nota fuerit
manu tua. ode tuo repete. et ita insingulis note
nouas singulas. atui. pt ares illas. squib; diffinito
dabit. Dubiu e diffinitioe d singul abit. ut notis
cas sic diffinitu e illibro salomois. Geometria una
nota bt. Arismetica una semi. Philosophia uxui.
cabit. et sacratis sub septem tantu v. notas bit sim
ille mag pianlosi et agnes sunt. Si icterogues q p
nimicet. si cues q septem bnt efficatia. Musica e
unam. et sica una bo nota. qr sicla ratu in relieb;
ominatis pfenatat. Saendu li e u omnib; dieb; qb;
nota theologie uidcis: l philosophie et utu sub ipis
otepera; millaten iread. nz ludi his ep. rex salomo qdi dicidu
nota carpe ispicer. et ooinas fore plus salomonis en
pulat. inter et onst. et pm situlocat et ei
dicee. q ofteratu sciemu meu illude
et stephes. infetia ut pute repri
remmut; filios meos. ante
dies suos. et ab
didit anglis.

Introitum
templi sui
prohiber

tibi of dieb;
tiam q tibi dieb;
scdm peccatu tuu
salomon fleret y miam
anglius. Quia mala fleuisti pro
filios tuos ueneiet. et iniquitates innumerabiles.

octaginta obferuan
cottidie robiber. ut
penitentia agat. Et tam
peteret abangelo. respondit ei
longati sunt dies tui. ueruntam super
corripient aspueniert iniquitates.

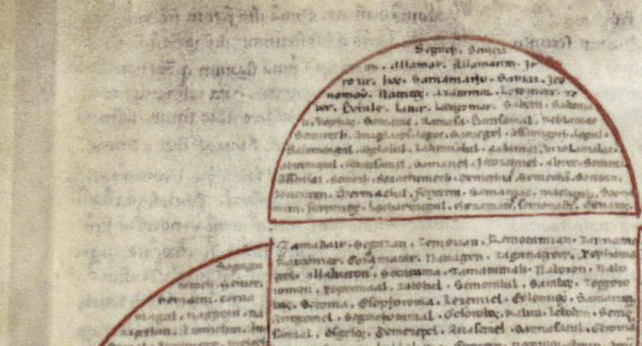

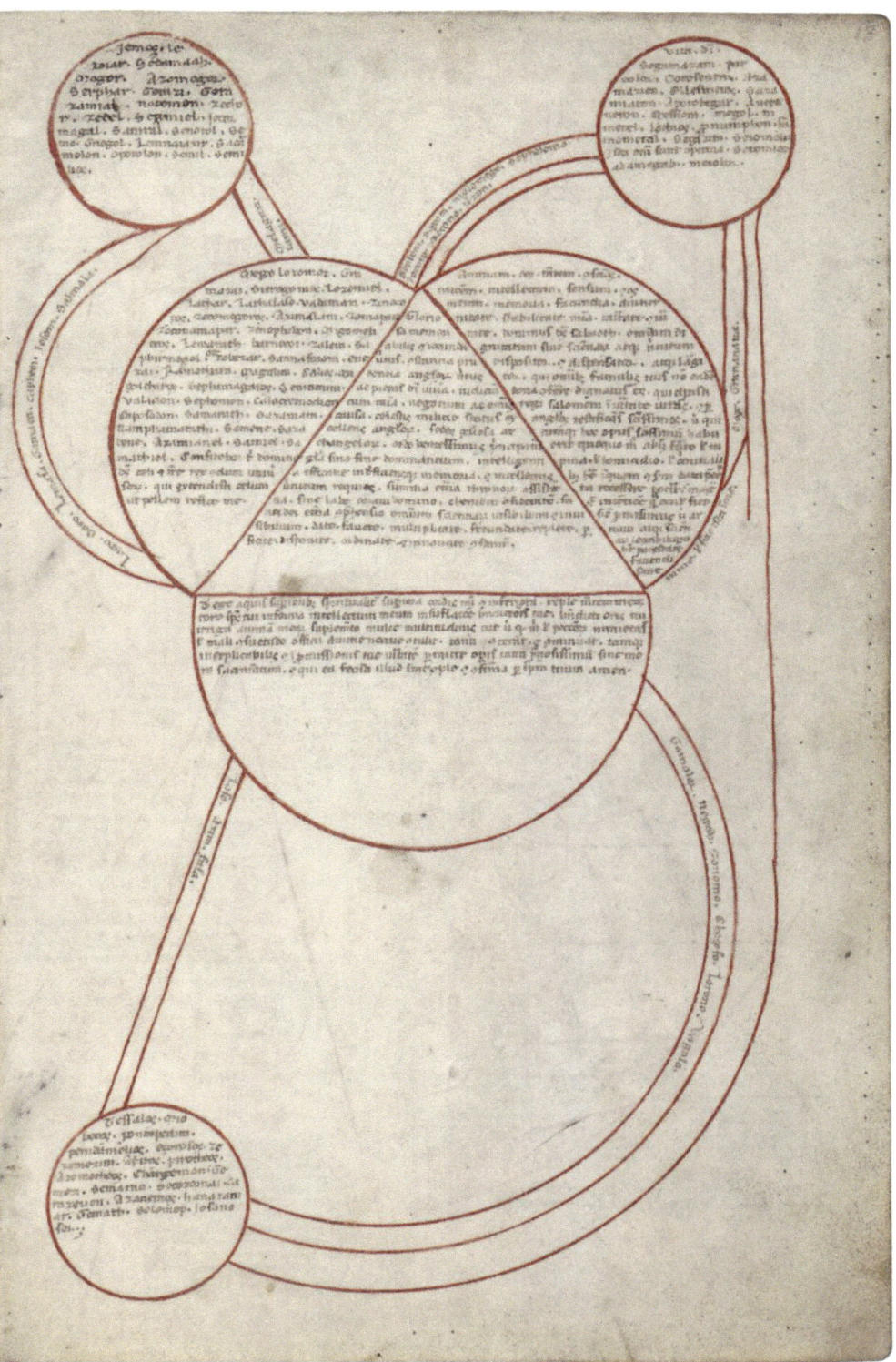

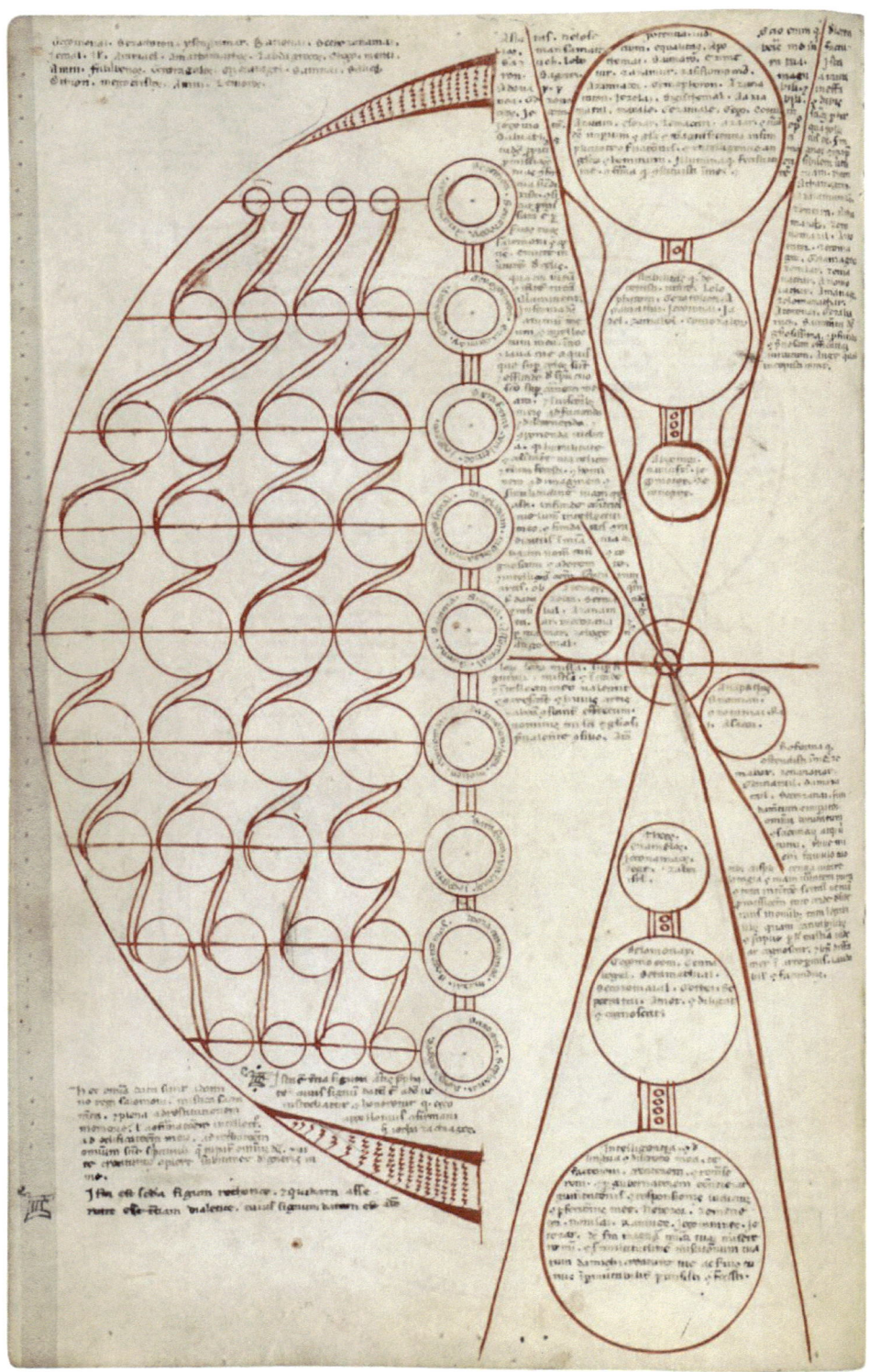

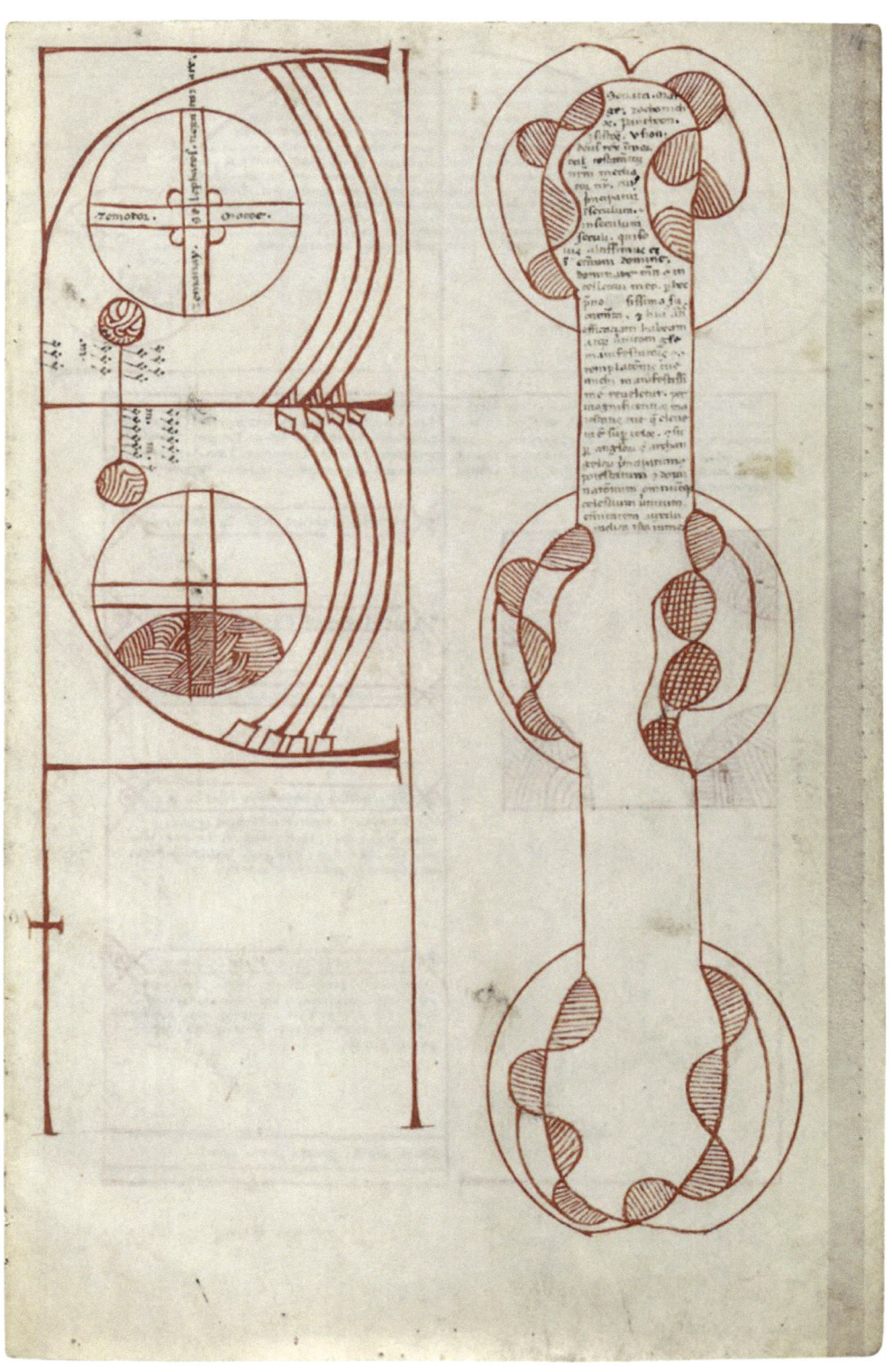

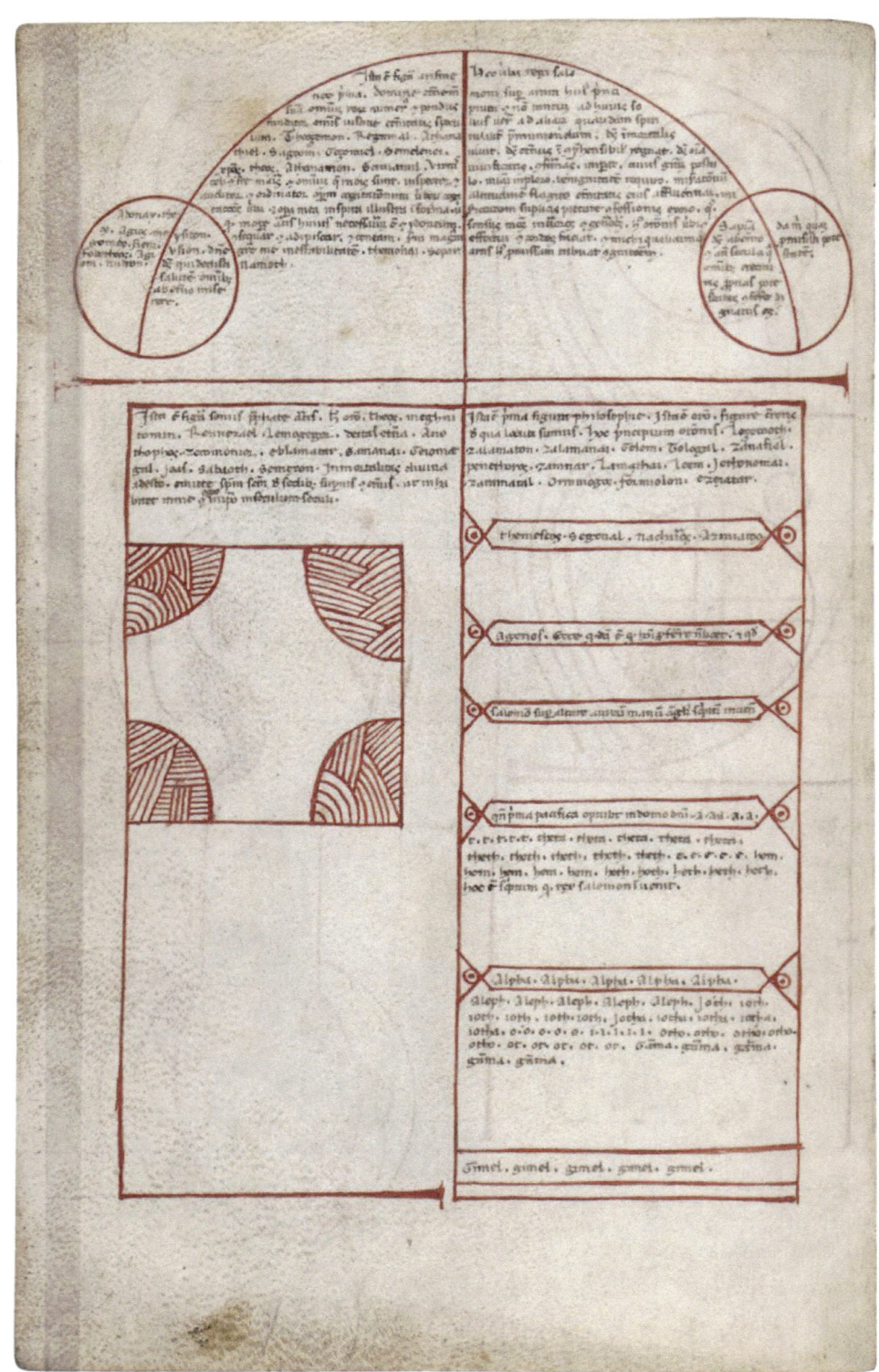

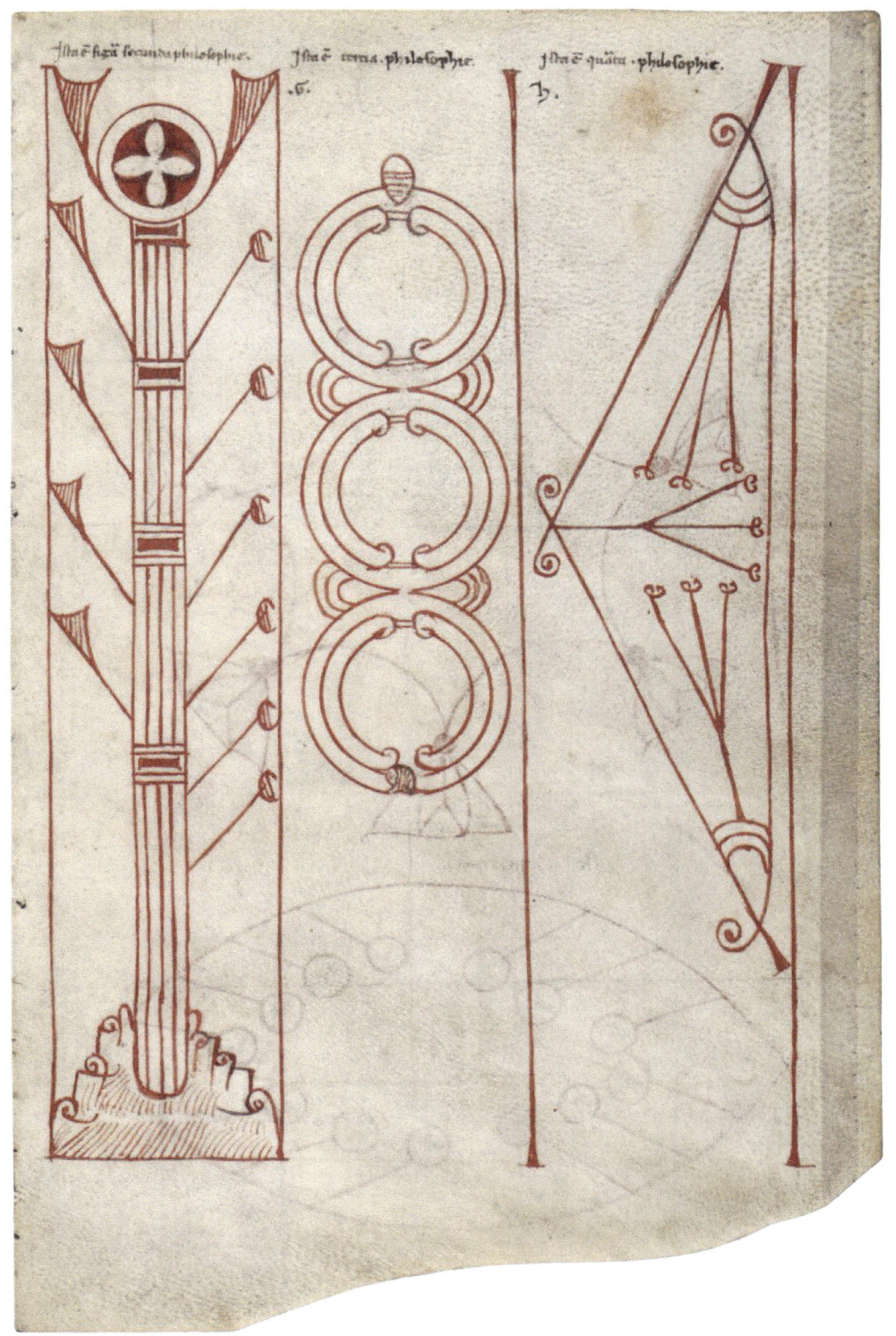

Ista ē figā secunda philosophie.　Ista ē tertia philosophie.　Ista ē quāta philosophie.

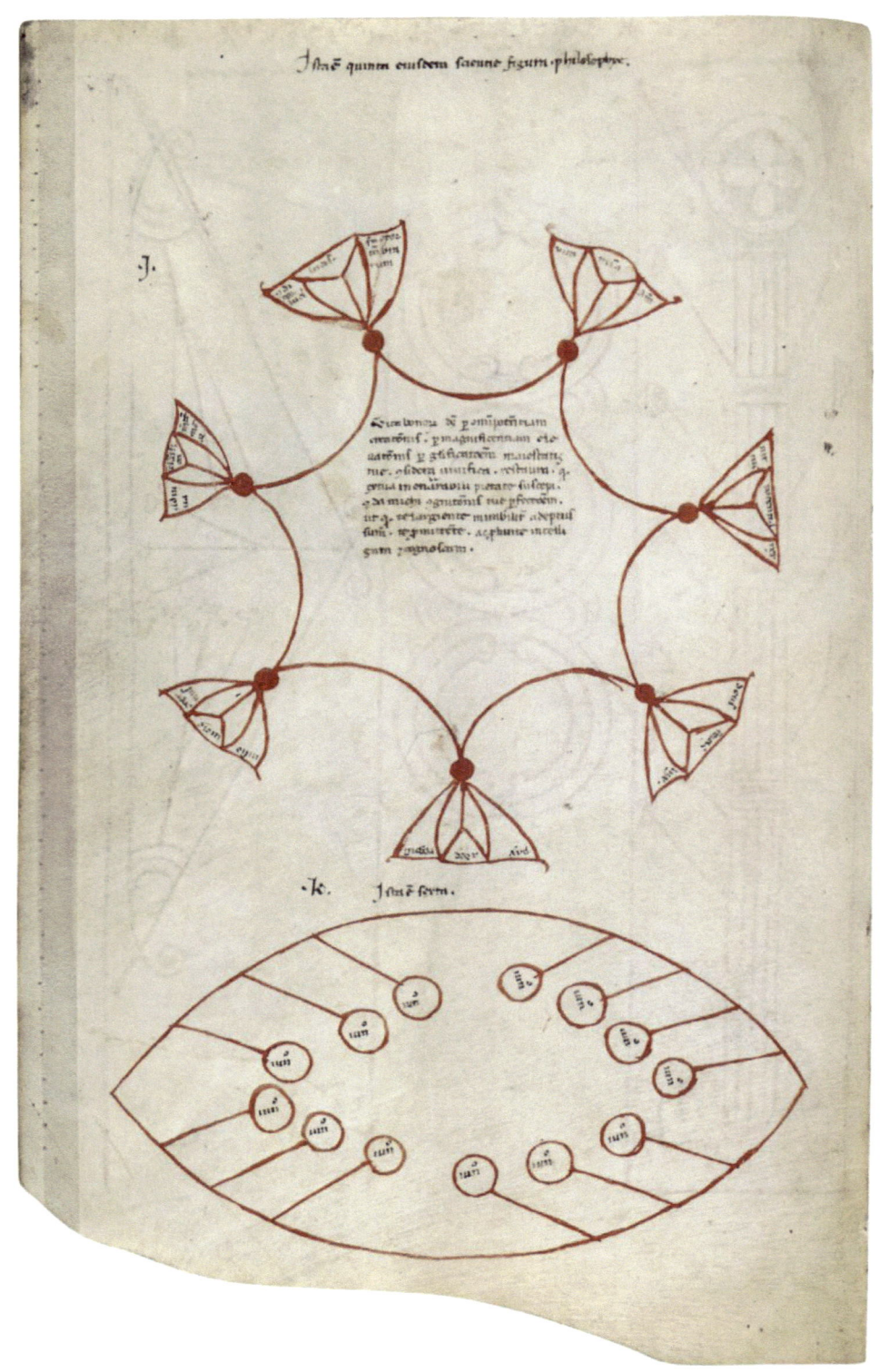

·I·

Quā tenorū dī pontificiun maioribus · pmagnificenūn etc aūoūn y gūtcūtaōūn maioūantgne · eūidem miūtteū · reūbuun · q gruia inenūranūn piraūo suscpi · q̄ ā miche oguēōnī tut pfecōūn · ut q̄ · reūutponte mūmbulu adepūl fūnū · ūtpmnttete · acphunu ūtcollgtun pgmolaūn

·k· Istā sexta.

34                    15 verso

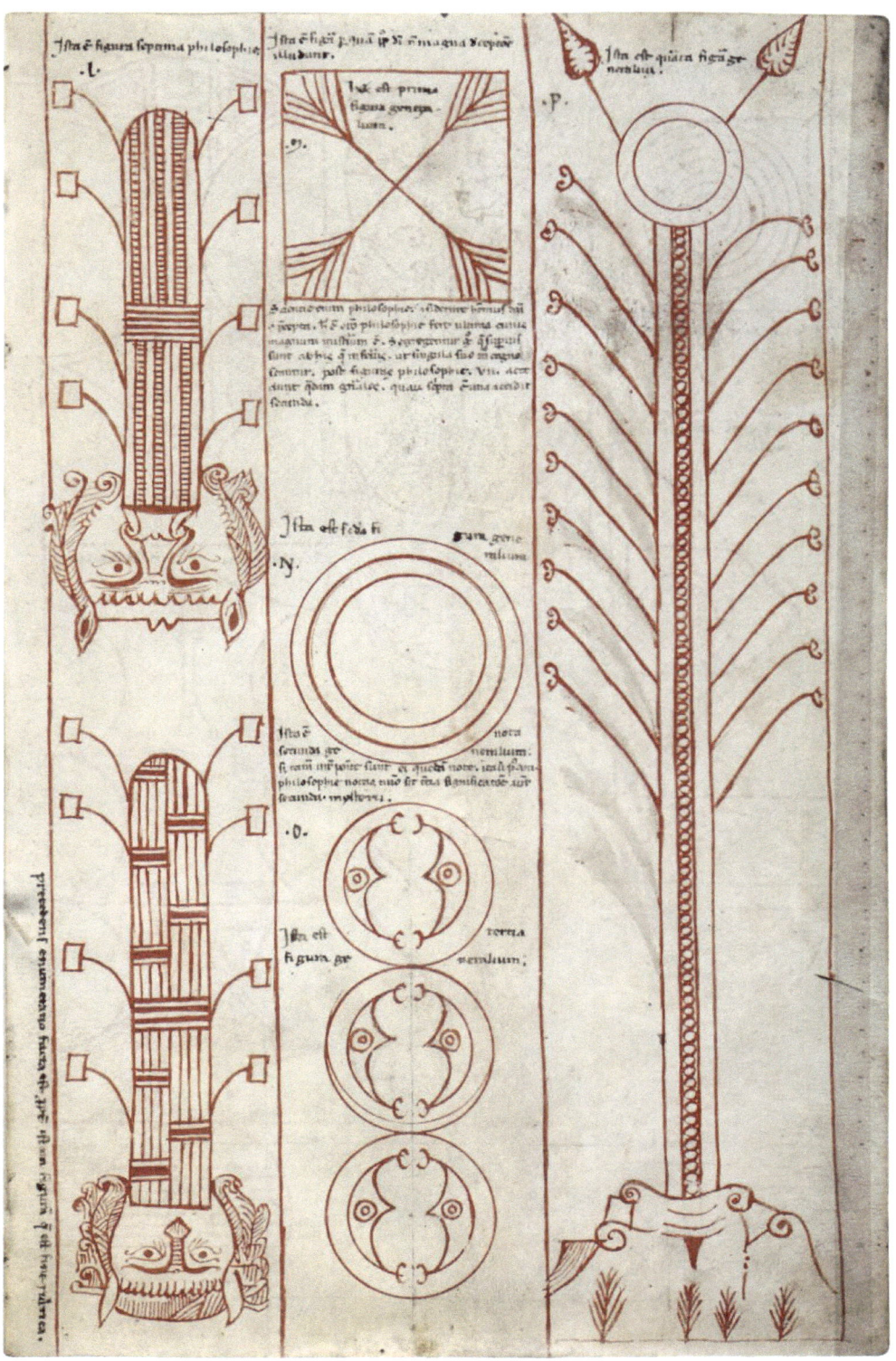

Ista ē figura septima philosophie.
·L·

Ista ē figan prima in R' ēni magna stopean illudans.

Hec est prima figura generalium.
·D·

Secundum philosophicis reddere bonus dignoscēpit. V. E eis philosophie fori ultima cauis magnum inultum ē. Segregatur ē effiguis sunt ab hic ē inistie. ut singula suo magnal scēntur. post figure philosophie. Vii. accedunt hdim griatie. quau sēpta ēma reddit scānda.

Ista est scāa fi  gura genē ralium.
·N·

Ista ē secunda gro  nota nemilium. si rein inē poies siunt ē quichi note. insti siqua philosophie noms nuō fir scēa stanificatōe ut secundu mysieris.
·O·

Ista est  terxia figura gē  nemilium.

preseden ēmumcuus fuera ihs ihe istam figuram q; est hoc siāmea.

Ista est quarta figura gē  neralium.
·P·

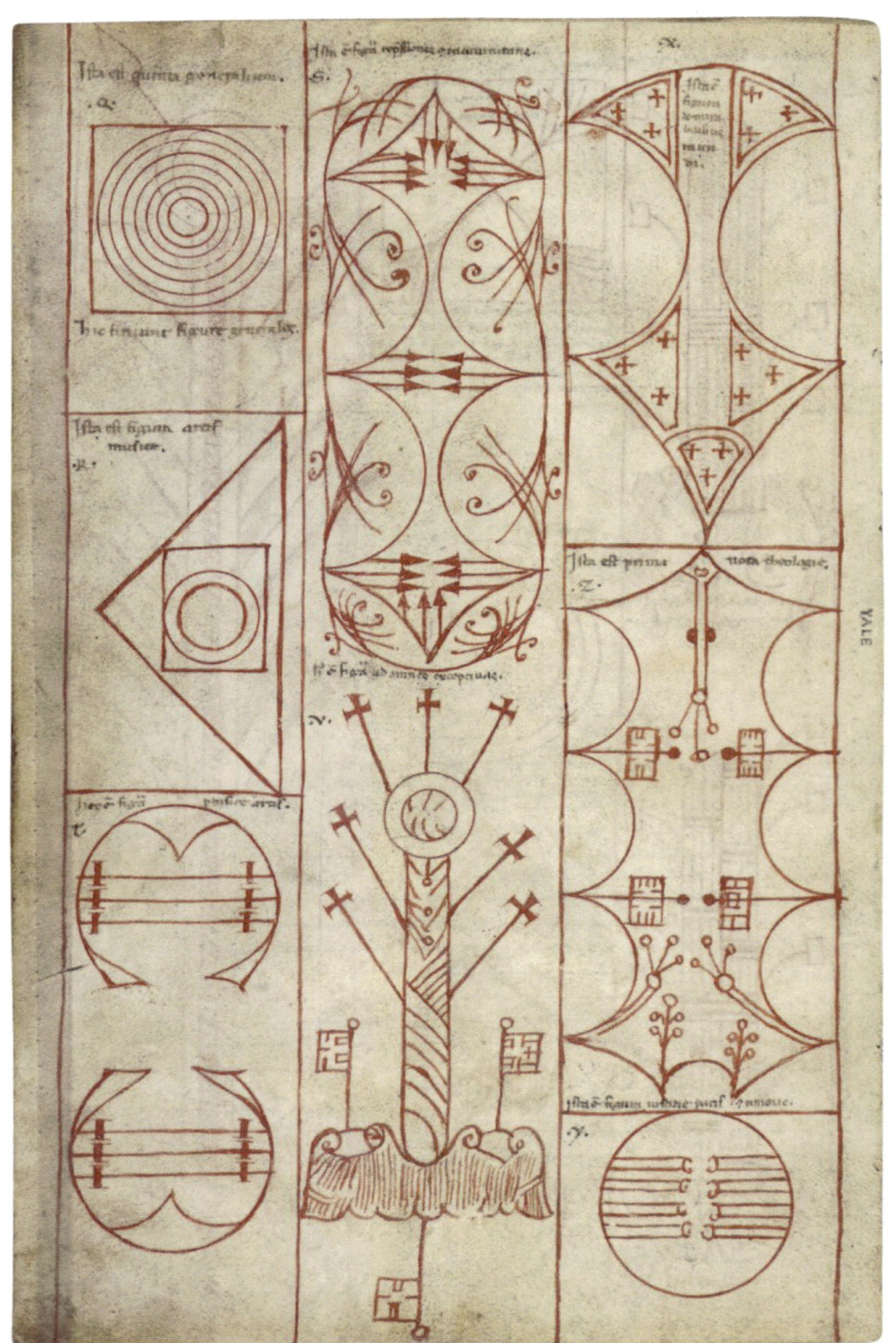

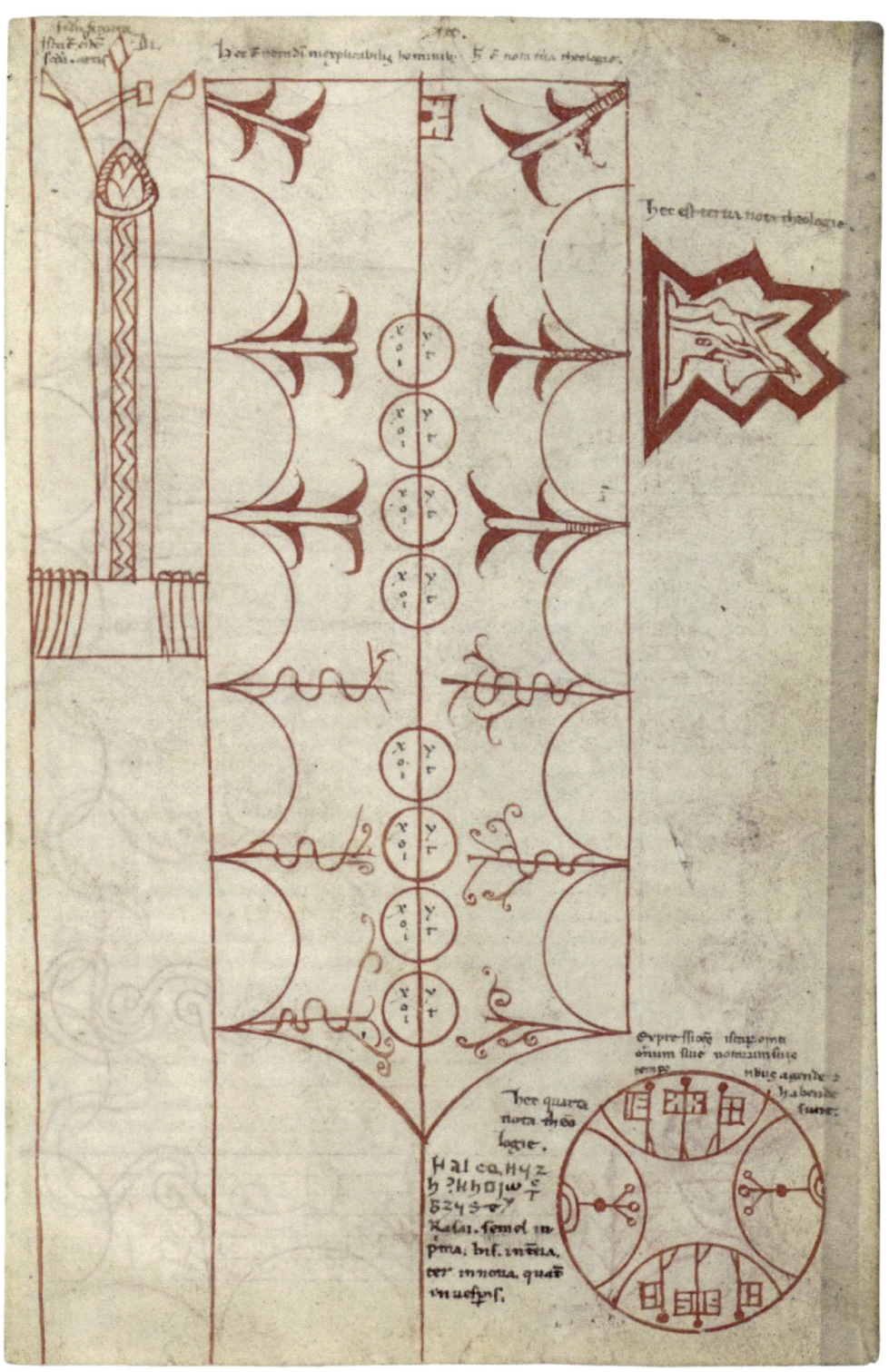

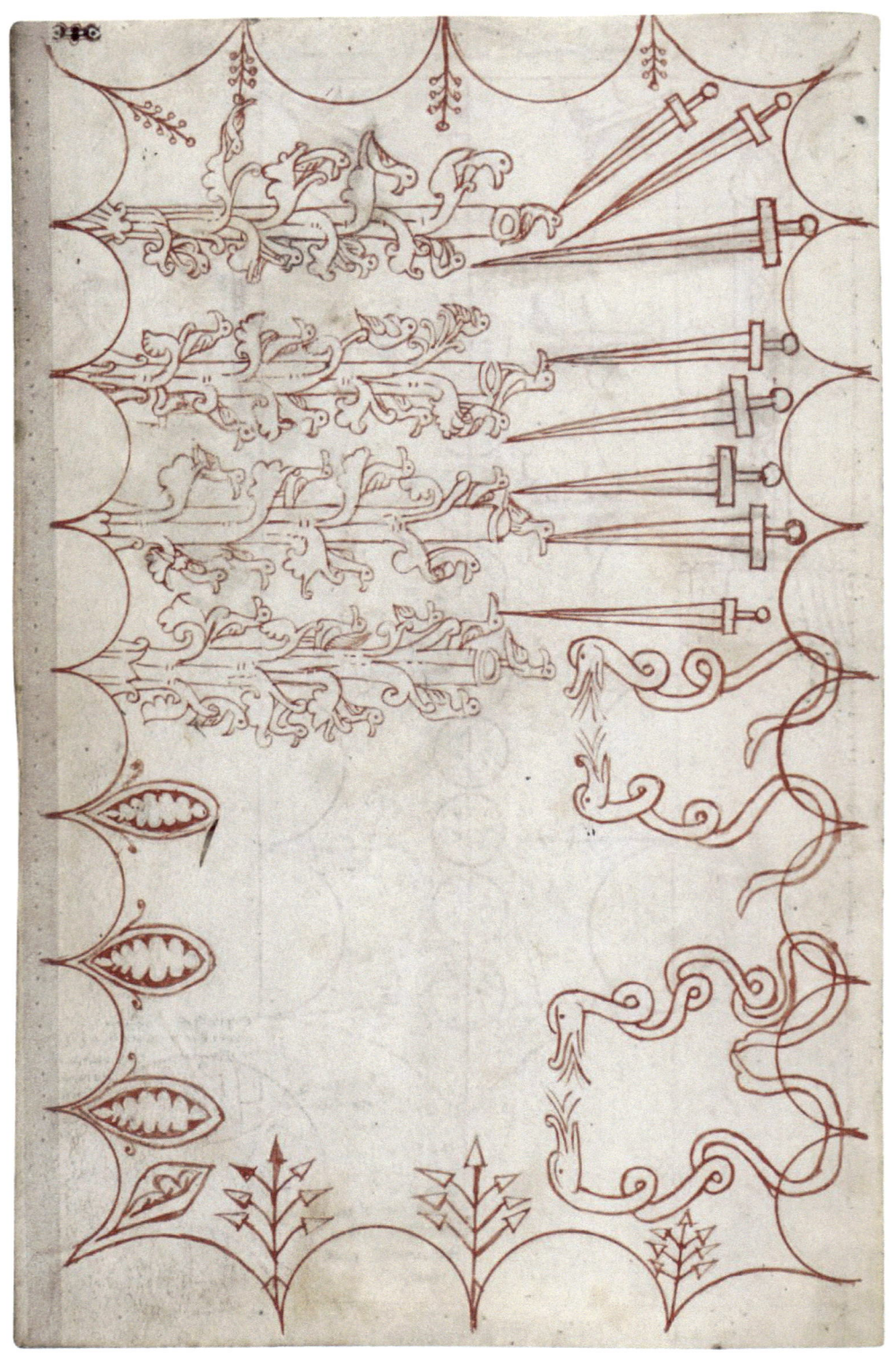

hec ē pars oronis noto pmo cum his q̄
mea sunt d qua agendum ē sicut d ceꝭ
īdite grimatica.

Domine sc̄e pater omīpotens etn̄e deus in cuius ospectu omīa sunt uisibilium e inuisibilium fundamēta creaturarum
cuius oculi īpfcetum meum uidet. cuius
aures omīa audiunt. cuius caritate aul-
certine plena ē sm̄ gcelum. qui omīa uidisti ā qua fiant. in cuius libro omēs sc̄-
mati sunt. dies e homines inscripti. respice e hodie sup me famulum tuum, ostiina
proge e actus meos hoctiernos. e hano insꝑe
rcēm sine repeticiōem ostantie tue uisitatō-
me illustra. hoc d secūda.

Respice domine dē clemēs pat omīum et-
ne dispositor. ututum. opatōes meas cō-
sidera hodie. actuum angelox e hominum,
dispositor. ututum. opatōes meas hodie e si-
bra actuum angelox e hominum dispositor.
atq̄ discretor. ut ī mirabilis pmissionis
tue inme dignerꝭ subitaneam implere uou-
tem quatinꝰ inme tanta opitōe efficiam.
edificetur nom̄ tuum gliosam. ad laudem
mam moie diligentium te. hoc d tria.

Confiteor adonay omīum uisibilium e m-
uisibilium creaturar. domine dē pa-
pissime inceunsepto inme habitantis et-
natue ā pncipium mundi omīa īessabil-
uꝭ disponens atq̄ gubnans etinitatis tue
ano plensibilem pietatem ubis suꝑlicatu-
aggrectiou ut huius facinitatis misticaꝭ opis
inme psceons angelox tuoꝭ efficaciam. e fide-
ncioēm e memoiam sciam tua inme, pmissio
scientiasꝭ reminiscentia cum stabilitate ela-
rescat.

Sc̄e dē e pie indissolubilis hoc d pm̄a nota
Partis secunde aḡuntur occudia qui celum e
tiam mare e abissos mare e omīa q̄ in eis
sunt stabilun uotuisti, meum ospectu omīs
ratio e smo subsistit. plce peiosa facinita
angelox tuoꝭ da michi quam desidero e eo
uo artis huius. absꝗ ambiguitatis sine sciam.

Reloꝭ clementissime hoc de cide. iiii secū di
erator. e reformator. e inspicator. omīum bo-
norꝭ uoluitatum atq̄ poceltateꝭ malaꝗ de

fracēm meam gliosam intende e mirem meam respice benignus. ut quod erhumiliꝑ
te d posco sic ate pmissum ē m d tue mag-
ficenne Largitate ocedas. hoc d pma ānsꝓtuc.

Omīpꝭ e mificus pat omīum creaturu-
ordinator uiste iudex etn̄e rex et domine
qui sc̄is nras eloquentiam atꝗ sciam oferre
dignatus es mirabilis. qui omīa ciuiucti-
cas atꝗ disceēns illumina hodie cor meum fulgore claritatis tue ut intelligam e
cognoscam. q̄ inhui aus ꝑficiens afiderꝭ
ter egropto. hoc d secūda eiusdem.

Unus magnus mirabilis etn̄e dē, e ētū-
ussili angelꝭ dispositoriꝗ omīum ututu-
cenatar. atꝗ dispositer, ad omīa hodie in-
teilligentiam meam, e multiplica ime ra-
nōem discernendi e e cognicōem quam ade-
incognoscencilis ꝑfctus creaturar noi-
bus ostulisti eadem in sm̄ pmissiōem tua-
ocede sciennam. omīsꝗ huī aus iuciciu an-
nue discretiōem. hoc d eiusdē tta.

Usion omīum potestatum regnor signoꝭ
siue iuciciox etia ꝑmuitcē ospicuus
omīum admistians gema linguaꝭ in
cui regimine nullum. dilet mistia quesꝭ
memorata l repetita. cor meum e linguam
meam erpeitam. ad discernenciam ad iudicandum ad eloquendum e adornandu-
q̄ inhac arte necessaiā auctonias diuina
omīur inme opleatur. hoc d quāta eidem

Reuerende e potens omīlꝭ anglis e archin-
gelis omītasꝗ celestilꝭ creaturis e tamin-
fernaulꝭ quam sursibꝭ de cuius magnifice-
na plenitudinis uenit. ut tibi mobis digne famuletur cor aīīm. mundi pa̅tilꝭ po-
ercine gollilꝭ e anima e spū hominē ad i-
maginem e similitudinē tuam fecisti dan-
huius scienniam h aiotouius me inpsius
facuitate sciennie. hoc d āte arismetica

Deus qui omīa numero ponde e uisura fecisti. deui numero ꝗ nec hominus cap-
ut capillus ẜic l elabitur incui ordine
punctoꝭ e mensoꝭ e minuteuꝭ siue die-
partens e apta diuisio qui etiam solus stel-
las numeras mu mee ostantem imbue effi-
cianam ut inhui artis ꝑe cognitiōem eniuga.

g tue munus pietatis agnoscam. Ex de
Meritoz omium opinium siue semis
matozibus aquo omia naturaliter bona
ominumq; ituum dona pcedunt. aquo cō
q; ē solucium z pfectum cuius omipotens p̄
mo ð regalib; ueruf secub; incorda nra dū
medium tenetur cuncta silentium mecū
ardem z intellectum meum castate adp
cipienda hec tanta tamq; excellencia ether
ne nistria ut ano huius phec sacratioz eaus
mata subitaneam pfectionem osequar
z effectum. hec ð geometria.

Dō istius uider omipotens qui notum
fecisti nobis salutare tuum ut in con
spectu gencium iustitiam tuam reuelas
reuela oculos meos. meum coz instrues
salutari instante tue. ut mirabilia ð tuis
tam gtiosis osidemus facimus. quatinus
p ea tanta inarte hac intelligentiam ose
quar. ut te pstante qui mirabilia mag
solus facis inobis inipsa arte sciens z sub
tius inepres efficiar. ut mea facultate z
memoria ostabilitate recepta. dumitati
tu dunitati z incessione cunctai celestiū
iuium. honorem te insecula. hoc pma
ompis philosophie adnotaui item
sapientie siue sciencie dni amatoz. inqui
ta peccatum no ē. omif disapline spual
magr̄. instructoz. domine. p gtiosos ange
los z archangelos tuos. p thronos z domi
natoes p pncipatus z potestates. p uirtues
cherubin z seraphin. p xxiiii. seniores
z psni. animalia. z p oem miliciam ce
lestis creaturis adoro depcoz. muoco. fla
gito suplico. imploro. z reuereoz. gtifi
co z exalto. fortissimum. tribile. mitissi
mū nomen tuum. z queso ut hodie corme
um spo lumine. z gra tue uisitationis fe
cundine. z oonotormi illustres. Oz
Adoro te rex regum dnm dnm uita z
substantia mea salus releuata mea
memoria z uirtus mea qui hora
una diuersaz genera linguaz hedifi
cantib; uerum dedisti. z qui scis aplis
tuis unctione septiformis spe tui q̄
nos docet de omib; eisdem linguis

repente tribuisti q uirtutem uerbi
tui inquo omia creasti p potentiam
huius sacramenti. inspira cor meum.
z infunde meū tue rorem gre. ut su
bito tui sci spe afflatus lumine. effi
cacem huius opis intelligentiam z ex
ditionem lingue z artium capiax in
genium osequi ualeam.

Actiones nostras quesumus
dne aspirando preueni z ad iu
uando psequere. z cetera. Ista
oratio extrauagans dicatur semper
in quolibet exercitio istius artis in
principio z in fine.

Iher est nota ineffabilis theologie
cuius oratio est z totius pietatis.
Vt predictū est capitulo. Inapit
septima oratio. z eta oratio eius est.
hosel. Vt ibidem paulo post testa
tuit.